# 木村拓哉という生き方

太田省一
Shoichi Ota

青弓社

# 木村拓哉という生き方◉目次

装丁――スタジオ・ポット［山田信也］

# はじめに

## 二〇一六年からのこと

木村拓哉。彼は、一九九〇年代から現在にいたるまで時代の象徴であり続けている。他にも長年にわたって第一線で活躍している芸能人はいる。だが彼ほど〝時代の最前線〟でそうあり続けている存在は、日本の芸能の歴史を振り返ってもおそらく非常にまれなのではないだろうか。

そんな木村拓哉にとって、二〇一六年は「激変」と言っていい大きな変化があった年だった。彼が一九八八年の結成以来そのメンバーの一人だった、ＳＭＡＰの解散である。

二〇一六年の年明け早々の解散危機報道から紆余曲折を経ての年末いっぱいでの解散の経緯については、ここで改めて詳しくふれるまでもないだろう。それは、芸能の世界だけでなく、まさに日本中を巻き込むような大きな出来事だった。

そして翌二〇一七年に入ってからも、メンバーの事務所との契約更新や出演番組の行く末などをめぐって、その余波は続いている。しかも、事は単なる一芸能人の問題を超えて、芸能界の旧来の慣習やメディアの報道のあり方の是非にまで及んでいる。その一方で、ファンを中心にして、東日本大震災などの被災者への募金呼びかけなどさまざまな活動がSMAPの意思をくみ取るかたちでずっと変わらずおこなわれてもいる。

そうした一連の動きを見るにつけ、SMAPという物語はまだ終わっていないようにも思えてくる。少なくとも、SMAPという存在の大きさに改めて気づかされ、驚きを新たにする日々がいまも続いている。

## 木村拓哉にとってのSMAP

そこまでSMAPが私たちのこころをとらえた理由は何なのか。その一つとして、私はSMAPというグループの新しさがあったと思っている。

SMAPの新しさ、それは、どちらかに偏ることなく絶妙のバランスで個人とグループが対等だった点にある。それぞれ見事に個性や才能が異なるメンバーでありながら、いざ全員が集まるとそのグループでしか放てない輝きが生まれる。いわば、個人のハイブリッドな集合体、それがSMAPである。

言い方を換えれば、SMAPのメンバーは、芸能人としても人間としてもそれぞれが個人として自立しているということだ。もちろん、SMAPというグループが大きな存在になればなるほど、個人とグループのいい相乗効果が生まれていた面は無視できないだろう。だがそれも、それぞれがまず個人としてあり、独自のソロ活動を繰り広げるということがあってのうえだったように思う。

木村拓哉自身も、そのような意味合いのことを語っている。

まず、「SMAP」というブランドの大きさを十分わかったうえで、彼はこう言う。「うちら〔SMAPのこと：引用者注〕の場合は、自分をつくってるのは自分。並べて売るのは事務所かもしれないけど、あくまでも、自分が自分の生産者。だから、ヘタな生産はしたくない」(木村拓哉『開放区』)。この言葉からは、グループの基本はあくまでメンバー個人にあるという信念がうかがえる。

だがその一方で、木村拓哉はグループであることの強みを人一倍実感していた。ＳＭＡＰとしてではなく個人としてやっていくことを考えないのか、と聞かれたとき、「この人は、チームの強さを知らないんだろうな」と彼は思う。「俺たちは、ＳＭＡＰっていう集合体でやったときの、そこでしか生まれない力を知ってる。ほかのグループとくらべる必要はないけど、うちらにしかできないことをやってるっていう自信もあるんだ」（同書）

そう考える木村拓哉にとって、「ＳＭＡＰのメンバーはいちばん身近なライバル」でもある。〝ライバル〟は、勝ち負けを競う相手ではない。むしろ逆だ。「俺にとってのライバルは、勝ち負けなんて考えたくない人たちのこと。その人たちの魅力…それは、その人の持ってる才能だったり、技術だったりするんだけど、それを見つけられた自分自身がうれしいんだ」（同書）

しかし今回の解散によって、彼らは、いずれにしても、これからの活動のあり方をもう一度考え直さなければならなくなった。いまはグループというわば〝ホーム〟が失われた状態である。だが裏を返せば、それは新しい未来を見いだすためのそれぞれの旅が始まったということでもある。

## なぜいま、木村拓哉なのか

当然、この先もさまざまな出来事があるだろう。彼らがこれからどのような道を選択するのかというところに世間の目も向きがちだ。だが、私としてはそんないまだからこそ、木村拓哉のこれまでの道のりにここで改めて注目したいと思っている。

なぜなら、私たちはこれまで木村拓哉という存在を知っているつもりになっていただけで、本当はよく知らなかったのではないかと思えるからだ。とりわけ、一九九〇年代以降の日本社会にとって、木村拓哉がどのような存在だったのか、私たちはほとんど顧みることがなかったのではないか。その懸念は二〇一六年からの騒動によってさらに増している。そうであるとすれば、残念なことだ。木村拓哉を知ることは、私たち自身について知ることでもある。だからここでぜひ一度、私なりの視点で「木村拓哉とその時代」についてじっくり考えてみたいのである。

一九九〇年代、日本社会は大きな転換期を迎えることになった。昭和から平成へと元号が変わり、バブル景気が終わりを迎え、それまでの時代とは世の中の雰囲気が一変した。高度経済成長からバブル景気を経験した戦後の昭和という時代は、多少の浮き沈みはあったにせよ、全体的に高揚感に彩られた時代だった。それに対し、九〇年代以降の平成になった日本社会は、経済の停滞が長く続き、社会のところどころに軋みや綻びが見えるようになった。そこに生きる私たちは、不安を抱え、いまだにさ迷い続けている。

そんな時代に木村拓哉は、まずアイドルグループＳＭＡＰの一員として登場した。

「アイドル」とは親しみやすい存在、身近な存在であるところに魅力があり、「スター」は遠い憧れの存在であるところに魅力がある。つまり、二つは正反対のものだ、というのがそれまでの通念だった。

だが、「アイドル」としてスタートした木村拓哉は、そのまま「スター」にもなった。同時に対極の存在でありうる、矛盾が矛盾ではなくなったのである。そこには、彼がもたらした新しいスター像があり、そんな存在を求めたいまの日本社会を生きる私たちがいる。

## 〝魂の自由〟

　では私たちは、木村拓哉というスターに何を求めたのだろうか。そして木村拓哉はその要求にどう応えてきたのだろうか。詳しい話は次章以降でということになるが、ここではまず木村拓哉の若き日のある姿を紹介しておきたいと思う。

　白いTシャツに赤いスタジアムジャンパー、そしてブルージーンズを身につけた木村拓哉が、どこか遠くを見るようなまなざしで上のほうを指さしている。舞台『盲導犬』のなかのひとこまである（「POTATO」一九九〇年二月号）。

『盲導犬』は、劇作家・唐十郎が澁澤龍彥の小説『犬狼都市』をもとに、演出家・蜷川幸雄の劇団のために書き下ろした戯曲だ。初演は一九七三年である。

「盲導犬」は、主人の目となり、その指示に服従することだけを教え込まれた犬である。それは、権力者にただ服従することしか知らない民衆を暗示している。一方、劇中登場する盲人・影破里夫《えいはりお》は、自分の犬「ファキイル」を探している。ファキイルは、主人に服従するのではなく、自分の判断でどんどん先に突き進むような犬だ。つまり、「盲導犬＝服従」に対し、「ファキイル＝不服従」。この対立を軸に物語は進んでいく。

木村拓哉がこの『盲導犬』に出演したのは、一九八九年十二月に再演された際のことだった。そのとき彼は十七歳になったばかり。SMAPは結成されていたが、まだCDデビューする前のことである。そして八〇年代が終わろうとし、昭和から平成へと元号が変わったまさにその年でもあった。

彼が演じたのはフーテン少年。定職につかず、新宿の街をさ迷い歩いている少年である。一度働こうとしたことがあるが、履歴書に映画スター・赤木圭一郎の経歴をそのまま書いてしまい、失敗する。フーテンは、「映画を見るといつもそれがじぶんのことになっちまう」（『盲導犬』）ような少年なのだ。

演じた当の木村拓哉は、「フーテンは、（略）どんな社会、どんな状況にあっても〝魂の自由〟を貫こうとする純粋な心を持っている少年」と説明する（同誌）。とすれば、そこにはファキイルの存在がオーバーラップする。同じ盲導犬の立場にありながら、他とは違って自らの意思を絶対に曲げないファキイルもまた、〝魂の自由〟を貫こうとする存在だからだ。

劇中、フーテンと影破里夫とのあいだでこんな会話が交わされる。（フーテン）「あんた、犬の何だい？」、（破里夫）「主人さ」、（フーテン）「犬はあんたの何だい？」、（破里夫）「星だ」、（フーテン）「星と主人はどっちが偉いんだ？」（『盲導犬』）

影破里夫は、ファキイルが自分の行く先を教えてくれる「星」だという。ただし破里夫は、あくまでファキイルの「主人」だ。そこにはどちらが支配し、服従するというような関係はない。破里夫とファキイルは、いわばパートナーなのだ。

ここに、私たちが木村拓哉とのあいだに作り上げた関係性に通じるものがあると思う。

自分の行き先を指し示してくれる「星」であるファキイルを探す影破里夫は、現代を不安のなかさ迷い続ける私たちだ。一方、ファキイルと同じく〝魂の自由〟を貫こうとするフーテンは、言うまでもなく木村拓哉その人だ。そして映画が現実になってしまうフーテンのように、木村拓哉もまた作品の世界を生きる。そこには私たちファンという「主人」が欠かせない。つまり、木村拓哉と私たちは、もう一組の「星」と「主人」なのだ。

こうして、木村拓哉の〝魂の自由〟を貫くための旅は始まった。以下では、各章ごとに彼が関わってきた作品や番組を一つずつ取り上げながら、その旅の様子をたどっていく。そうして木村拓哉という存在の魅力を多面的に探りながら、同時にその向こう側に見える時代や社会の姿を浮き彫りにできればと思っている。

# 第1章

# 木村拓哉と『ハウルの動く城』

# 第二の名前

木村拓哉が「キムタク」と呼ばれるようになったのはいつの頃からだろうか。

彼は「〝キムタク〟って、どうやら公共物らしい」とエッセーに書いたことがある。一九九六年のことだ。そしてその言葉のあとには、自分の周囲の人物の写真まで撮るメディアに抗議したこと、それに対して木村拓哉は「公人」だからと言われた体験をつづっている（前掲『開放区』）。

そこには、自分という存在が自分の手を離れて一つの社会現象になっていることへの戸惑いと苛立ちのようなものが感じられる。その気持ちが実際どのようなものかは、私などには想像がつかない。だが、やがて木村拓哉は「キムタク」という第二の名前との付き合い方を徐々に身につけていったように見える。「俺、木村拓哉よりキムタクのほうが下だと思ってるからね。木村拓哉っていうのがトラックで走ってたら、キムタクは、その後ろを追っかけて、ついてきてるって感じ。けっこう、回り道もしてるみたいだけど」（同書）

つまり、彼にとって木村拓哉という一人の人間が、常に「キムタク」という社会のイメージの前にある。そのイメージは、しばしば本人からかけ離れたものになり独り歩きする。

ただし、彼は「キムタク」を自分から完全に切り離そうとはしていない。それはあえてそうしているのか、あるいはしようとしてもできないのか。そこにはさまざまな事情があるだろう。しかし、このエッセーを書いたときから二十年以上、彼は、「キムタク」というちょっと扱いづらい自分の分身とともに、その特別な地位を保ってきた。それだけは確実に言えるだろう。

それは取りも直さず、木村拓哉がやはり「スター」であるということだ。彼を語るうえで、そのことは外せない。では、彼はどのようなスターなのか。それはいまの日本社会を生きる私たちにとってどのような意味を持つのか。「はじめに」でも書いたように、本書ではその問いに私なりの答えを出したいと思っている。

## スターとアイドル

「スター」と呼ぶにふさわしい存在は、今日それほど多くはない。かつて娯楽の王様が映画だった頃には、きらびやかな〝銀幕のスター〟たちが時代を彩った。その後テレビの登場は、「スター」に代わって「アイドル」という存在を生み出した。遠く手が届かない存在ではなく、すぐ身近にいそうな親しみがある存在。世の中はいま、いたるところアイドルであふれかえっている。

そんな時代にあって木村拓哉は、数少ないスターの一人だ。

主演ドラマが放送されるたびに、視聴率が注目されるのもその一つの表れだろう。当然彼は、視聴率のために演じているわけではない。そこだけを取り上げられるのは心外なことにちがいない。ただ、これまで彼の主演ドラマがその面で飛び抜けた実績を残してきたのも事実だ。『HERO』の第一期が三四・三パーセント、『Beautiful Life——ふたりでいた日々』が三二・二パーセント、『ラブジェネレーション』が三〇・八パーセント（いずれも関東地区の平均視聴率。ビデオリサーチ調べ）など、いまではちょっと考えられない数字である。いわばテレビ時代の「ドル箱スター」的な存在だ。

彼にはやはり、誰もが認める「カッコよさ」がある。それは、映画時代のスターがそうだったように、無性にまねしたいという気持ちを起こさせる。

一九九〇年代には、トレードマークだったロン毛をまねる若者が続出した。あるいは、『HERO』のレザーダウンジャケットなどをはじめ、ドラマで彼が身に着けたファッションがはやったりした。『ロングバケーション』の彼の演奏姿を見てピアノ教室に通う男性が増えたという「ロンバケ現象」もあった。

さらにその影響は、人生の選択にまで及んでいる。木村拓哉がドラマで演じた職業に憧れた人々が、その道を選ぼうとする。『Beautiful Life——ふたりでいた日々』を見て美容師への道を進み、『GOOD LUCK!!』に感化されて航空業界への就職を目指す、というようなことが起こる。木村拓哉自身、実際にそのようにして職に就いてしまった人たちと番組で対面し、思わず感極まったこともあった(『土曜プレミアム HERO THE TV』二〇一五年七月十八日放送)。

しかし、木村拓哉は元SMAPの一員であり、そのためアイドルでもある。むしろアイドルの代表と言ってもいいだろう。そんな彼には、ただ「カッコいい」だけではない、ラジオでの飾らない話しぶりやコントで見せる面白い一面などさまざまな顔がある。それは、木村拓哉という存在の「素」の部分の親しみやすさ、つまりアイドル性につながっている。

このように木村拓哉は、スターでありながらアイドルでもあるという、芸能史を振り返ってもあまり類を見ない存在としていまも活躍し続けている。そこに私などは強く引き付けられる。そしてまた、そんな二通りの顔を持つ彼をファンや時代がなぜ求め続けてきたのかを知りたい気持ちにもなる。

私たちにとって木村拓哉とは、いったいどのような存在なのか。

## 「星に当たってしまった少年」

ここまで書いてきて一つ思い出すのは、宮崎駿の「星に当たってしまった少年」という言葉だ。

それは、二〇〇四年公開の宮崎作品『ハウルの動く城』（以下、『ハウル』と略記）にまつわる。この作品、ご存じのように美しい魔法使いの青年ハウルの声優を木村拓哉が担当したことで大きな話題になった。

宮崎作品の長年の大ファンでもあった彼は、『ハウル』への出演が決まって初めて宮崎駿に会った。その際、宮崎が木村拓哉にかけた言葉が、「彼（ハウルのこと）は「星に当たってしまった少年」なんですよ」というものだった。まだ声を入れる前の段階だった木村は戸惑ったものの、その一言を胸に声撮りに臨んだ（木村拓哉の『What's UP SMAP』二〇一三年九月二十七日放送）。

「星に当たってしまった少年」。その意味するところを映画に従って言えば、こうなる。『ハウル』の物語の大きな鍵になるのが、ハウルが火の悪魔カルシファーと交わした契約である。本人たちは、内容もわからないままその謎に縛られている。それを解く役目を担うことになるのが、少女ソフィーである。物語の終盤、彼女はふとしたきっかけでハウルの子ども時代に迷い込み、そこで契約の秘密を知る。少年ハウルは、流れ星になって落ちてきたカルシファーに当たった瞬間、命が尽きかけようとしていたカルシファーを飲み込み、自分の心臓を与えて救ったのだった。元の世界に戻ったソフィーは心臓をハウルの元へと戻し、ハウルとカルシファーをともに危機から救い出す。

私には、そんな「星に当たってしまった」特別な運命を持つハウルは、木村拓哉そのものなのではないかと思えてくる。

例えば、ハウルはその美しい容姿で街の女性たちの評判になっている。だが魔法使いゆえに「美女の心臓を取って食べてしまう」というよからぬ噂も立っている。そんなある日、ソフィーは男たちにしつこく絡まれているところをハウルに助けられる。それが二人の出会いである。まさに少女マンガ的ラブロマンスの王道的展開であり、ハウルというキャラクターは、「いい男」の代名詞・木村拓哉を彷彿とさせる。

とはいえハウルは、ただの美しい王子様的キャラクターとして描かれているわけではない。ソフィーはハウルのことをこう語る。「わがままで臆病で何を考えているかわからないわ。でもあの人は真っ直ぐよ。自由に生きたいだけ」

「自由に生きたいだけ」の「真っ直ぐ」な人。「はじめに」でもふれた〝魂の自由〟を思い出させるこのソフィーの言葉ほど、木村拓哉という人を形容するのにぴったりと思える表現もないだろう。例えば、『ＮＨＫ紅白歌合戦』で北島三郎が「まつり」を歌うたびにひときわ目を引く熱いテンションで盛り上げようとする彼は、とても真っ直ぐで自由だ。どんなときでも全力で手を抜かず、だからときどき熱くなりすぎる面もあるかもしれないが、そうであるからこそ人一倍頼りがいがある。木村拓哉はそんな人なのではないだろうか。

スタジオジブリのプロデューサー・鈴木敏夫が語る次のようなエピソードにも、そんな彼の人となりが表れている。『ハウル』の声の収録中、木村拓哉はセリフを事前にすべて頭に入れ、スタジオには一切台本を持ち込まなかった。アニメでは、声優が台本を手にしてセリフを確認しながら収録するという光景が当たり前だった鈴木は、その真剣さに「何という真面目な人か」と感嘆したという（『鈴木敏夫のジブリ汗まみれ』二〇一二年十一月三十日放送）。

## アニメ少年・木村拓哉の冒険

実際、木村拓哉とアニメの関わりには想像以上に深いものがある。

例えば、鈴木敏夫はこんなエピソードも披露している。

『ハウル』の声優を選ぶにあたって、ハウル役だけがなかなか決まらなかった。そんなとき、ジャニーズ事務所のほうから木村拓哉がジブリ作品に何らかのかたちで参加したい希望を持っているという話があった。そこで鈴木は、木村拓哉にハウル役をオファーする。ただ、それまでのジブリ作品の配役でもそうだったように、木村拓哉のドラマや映画を前もって見るということを鈴木はまったくしなかった。そのため「うまくいくかなあ」と収録初日までドキドキしていた。だが、木村拓哉の第一声を聞いてその不安も消し飛んだ。横にいた宮崎駿も思わず喜んでいたという（同番組）。

木村拓哉ファンであれば、そんな鈴木の不安は最初から無用だったと思うかもしれない。というのも、自分の側からジブリ作品への参加を望んだように、木村拓哉のアニメ愛には並々ならぬものがあるからだ。

それは、『SMAP×SMAP』の企画「ONE PIECE王決定戦」を見たことがある方ならば合点がいくだろう。七回放送されたこの企画、漫画・アニメの『ONE PIECE』（尾田栄一郎）のマニアックな知識を競うクイズだが、基本は木村拓哉と他のゲストとの対決である。いずれも『ONE PIECE』好きを自任する強者たちだが、それでも木村拓哉が五回優勝と断トツの成績だった。バラエティ的には、『ONE PIECE』を読んだことも見たこともない稲垣吾郎と草彅剛が「見届け人」として脇から醒めた発言をするところがまた、木村拓哉の熱さを際立たせていた。

そんなアニメへの情熱は、少年の頃から変わっていないようだ。「小さい頃から、いつも何かのアニメ作品がそばにいてくれた。夕方観たいアニメが必ずあって、間に合わせようとして、すごいスピードで帰ってたからね」（木村拓哉『開放区2』）

子どもの頃であれば、好きなアニメに夢中になることはそう珍しくないかもしれない。しかし、アニメで見たことをそのまま現実にやってみようというまでになると話は違ってくる。木村拓哉は、そんな冒険心旺盛な少年だった。「『ルパン三世』を観ていた頃、チャリンコで遊んでるとき「そういえばルパンは、こういう崖、へーキで下りてたよな」って真似したこともあった。もちろん怪我したけどね」(同書)

同じような話は、二〇一五年十二月に放送された『さんま&SMAP 美女と野獣のクリスマススペシャル'15』でもあった。明石家さんまとSMAPのメンバーが各自嫉妬するほど憧れの人物を発表するという企画である。そこで木村拓哉がムツゴロウ王国の石川さんと並んであげたのが、実在の人物ではなくアニメ『トム・ソーヤーの冒険』の主人公、トム・ソーヤーだった。

トム・ソーヤーの世界に憧れた当時小学生だった木村少年は、アニメに出てきた冒険を実際に自分でもやってみようと思い立つ。巨大な発砲スチロールを発見すると、それをいかだ代わりにして川を下り、沖に流されそうになる。また釣った魚をたき火で丸焼きにして食べる。それが通報されて全校集会で怒られても、アニメの場面に重ね合わせて「すげートム・ソーヤーっぽいな」と木村少年は内心喜んでいたという。

物語を現実に生きること、あるいは現実を物語のように生きること。それは、少年時代から木村拓哉のなかに一貫して存在する行動軸なのではないだろうか。この番組のなかで彼を主人公にしてオリジナルそっくりに作られたアニメ『キム・タクヤーの冒険』のように彼は生きている。

だから木村拓哉は、「プレーヤー」であることにこだわるのだろう。あるインタビューで、「つくる側」に回り、演者よりさらに一段落上の場所で何かを表現してみたいという気持ちはないか、と問われた彼は、「ぜんっぜん（笑）。僕はもうプレーヤーでいいです」と即答し、さらにその理由については、「やっぱりこの場所が楽しいし、それにプレーヤーっていうものも、どこまで行ってもゴールがないですからね」と語っている（「SPA!」二〇一四年七月二十二日・二十九日合併号）。

この「プレーヤー」という表現に、木村拓哉の哲学は凝縮されているように思える。プレーすることにジャンルの垣根はない。ドラマや映画であれ、歌やダンスであれ、はたまたコントであれ、すべてプレーするということでは変わらない。演技する人、歌う人、踊る人、そのすべてを一言で表す言葉が「プレーヤー」なのだ。

## 恋愛、戦争、そして家族

そんな木村拓哉が、小さい頃から憧れてきたアニメの世界の「プレーヤー」となった『ハウル』。その世界はどんなものなのか。説明的な描写は排除され、見る側の想像に委ねられた部分が多い作品ではある。だがその中心にあるのが、少女ソフィーとハウルのラブストーリーであることは間違いないだろう。

ハウルと少女漫画のような出会いをしたソフィーはその後、荒地の魔女の呪いで老婆の姿にされてしまう。そのため、二人の関係はスムーズには進展しない。だがソフィーが掃除婦としてハウルの城に住み込むようになると、次第に二人は引かれ合っていく。

そのなかでソフィーの容貌は、ハウルのために勇気ある行動をとった瞬間には、少女のものに戻ったりする。その意味では、描かれ方は一風変わっているが、古典的なラブストーリーである。木村拓哉が演じてきた『ロングバケーション』や『ラブジェネレーション』といった数々の「月9」恋愛ドラマに重なるところがある。

しかし、ソフィーがハウルたちとともに共同生活を営んでいくなかで、二人の関係は単なる恋愛を超えたものにもなっていく。

ソフィーとハウルを大きく変えるきっかけになるもの、それは戦争だ。物語の冒頭からすでに、戦争は始まっている。それはいつ終わるともしれない。そして戦争は、ハウルたちの生活をも脅かし始める。魔法使いとして戦争に協力するよう王室からの要請がハウルに届く。だがハウルはそれを拒否する。それでも諦めようとしない相手に対し、ハウルはソフィーに自分の母親と名乗って断ってきてくれるように頼む。

王宮に向かったソフィーは、王室付魔法使いでハウルの師匠でもあるサリマンと対面する。協力しないハウルは悪魔にこころを奪われたいかがわしい魔法使いであると非難するサリマンに対し、ソフィーはそんなことはないと敢然と反論する。そのときソフィーの呪いは一瞬解け、十八歳の少女に戻る。それを目にしたサリマンは、「お母様、ハウルに恋してるのね」と語りかける。

ソフィーはハウルの恋人であると同時に母親である。そして魔力を奪われてすっかり「おばあちゃん」のようになった荒地の魔女やまだ幼いハウルの弟子マルクル、そしてカルシファーといった城の同居人たちの面倒を見る立場でもある。誰一人として血はつながっていない。だがマルクルに「僕ら、家族?」と聞かれたソフィーは力強く「そう家族よ」と答える。

ハウルもまた、そんなソフィーの気持ちを知り、「家族」を守るため戦地に赴くことを決意する。傷つき、ボロボロになりながらも戦い続けるハウル。そこには、ソフィーが母親でもあるように、ハウルが父性を担う存在でもあることが見て取れる。

ここで思い出すのは、二〇一五年に木村拓哉が主演し、父親役として新境地を見せたドラマ『アイムホーム』だ。彼演じる家路久は、事故で記憶を失い、妻や子どもとの関係も希薄な、よそよそしいものになってしまう。だが家路はもう一度家族の絆を取り戻そうと決意し、過去の記憶をたどり直し、やがて自分を追い込んだ大きな敵と戦うことになる。

思うに、そんなハウルや家路の姿は、木村拓哉本人のものでもあるのではないか。かつて「プロフェッショナルとは?」という質問に対し、木村拓哉は「前線から逃げない人」

と答えた。「風当たりは強いけど」前線にい続けたいと彼は語った（『プロフェッショナル 仕事の流儀 SMAPスペシャル完全版』二〇一一年十二月二十四日放送）。

最前線に立つ木村拓哉のすぐそばには、ハウルや家路久と同じように彼にとって「家族」と呼べるような多くの人々がいるはずだ。そのなかにはきっと、ファンもいるだろう。ハウルにとって「家族」が必ずしも血のつながりを意味するものではなかったように。あるいは、いざというときに救いの手を差し伸べてくれるソフィーは、ファンの化身でもあるのかもしれない。

## 再建された城

『ハウル』のラストシーン。ソフィーによってハウルたちは救われ、戦争も終わりに向かう。そしてハウルたちは、今度は自分たちの意思で集い、改めて「家族」として暮らすことになる。住むのは、再建されたハウルの城だ。以前のいかめしく不気味な外観ではなく、緑の木々が茂り、洗濯物がのどかに干されているような、いかにも平和そうな空飛ぶ城である。少女の姿に戻ったソフィーとハウルも仲むつまじい。

一見、絵に描いたようなハッピーエンドである。だが、実はまだ戦争は続いている。そのことが、再建されたハウルの城が飛んでいるはるか雲の下で爆重船が艦隊となって進む場面でわかる。

　そこに私は日本の戦後の状況を重ねてみたくなる。敗戦後の平和のなかで、復興から高度経済成長によって豊かな暮らしを得た戦後日本社会だが、世界では米ソ対立がもたらした冷戦体制があり、そのもとで起こった朝鮮戦争による特需が日本の高度経済成長を後押ししたのだ。それを思い起こさせるようなところが、『ハウル』のラストシーン、再建された城が表す平和と終わらない戦争の対比にはある。

　またソフィーの声が倍賞千恵子、荒地の魔女の声が美輪明宏と、ともに戦後日本のありようと関わりが深い人たちが担当していることも、そんな連想をしてしまう理由だ。

　倍賞を一躍有名にした一九六三年公開の映画『下町の太陽』は、高度経済成長期に東京の下町にある工場で働く若者たちの姿を描いた映画だった。同名主題歌も大ヒットし、倍賞は『ＮＨＫ紅白歌合戦』にも出場した。その後『男はつらいよ』シリーズで、渥美清扮する寅さんの妹さくら役を演じたことはご存じのとおりだ。木村拓哉が、両作品の監督である山田洋次と『武士の一分』でタッグを組むのは、『ハウル』の二年後のことである。

　一方、終戦の年に長崎で被爆した体験を持つ美輪は、シャンソン歌手として人気を博すかたわら、自作の曲を通じて戦後のあり方を問い続けてきた。その代表曲が、小さい頃の友人をモデルに、戦中から戦後にかけて苦しい生活のなか頑張り続けた母子を歌った『ヨイトマケの唄』だ。二〇一二年、美輪が初出場した『NHK紅白歌合戦』で、やはり「真っ直ぐな」まなざしでこの曲を紹介した木村拓哉の姿がいまも鮮やかに思い出される。

さらに、ジャニーズ事務所の創設者であるジャニー喜多川も、芸能の仕事を通じて戦後、そして平和の意味を考え続けている一人だと言えるかもしれない。アメリカ軍関係の仕事で朝鮮戦争時に韓国を訪れた彼は、そこで戦災孤児に接した経験がきっかけとなり、帰国後に少年野球チーム「ジャニーズ」を結成する。それがジャニーズの歴史の第一歩だった。とすれば、ジャニーズもまた、ジャニー喜多川によって再建された城だったのではないだろうか。

そう考えるとき、再建された城に乗って青空のなかを飛んでいく血のつながらない「家族」五人（実は隣国の王子で、いまは五人と離れているカカシのカブを入れれば六人だとも言えるだろう）に、アイドルグループSMAPの姿がオーバーラップする。そしてそのグループの一員として出発した木村拓哉は、やがて時代と交わるスターになっていくことになる。木村拓哉がハウルであるとすれば、そこにはどのような〝魔法〟があったのか。「星に当たってしまった少年」木村拓哉は何を考え、何を追い求め、どのような道のりを歩んできたのか。

# 第2章

# 木村拓哉と『さんタク』

## ドラマからバラエティへ

「星に当たってしまった少年」。前章では、宮崎駿が語ったこの印象的な言葉を導きの糸に話を進めた。なかでも「星」という単語は、最初にふれた『盲導犬』もそうだったように、木村拓哉に縁がある言葉なのかもしれない。

例えば、木村拓哉が主演したドラマに目を向けてみると、「星」という言葉がタイトルに入った作品が一つだけある。二〇〇二年にフジテレビ系で放送された『空から降る一億の星』である。『あすなろ白書』『ロングバケーション』『Beautiful Life――ふたりでいた日々』と彼の出演作品ではおなじみの北川悦吏子の脚本による「月9」枠の恋愛サスペンスだ。

その放送前から大きな話題になっていたのが、木村拓哉と明石家さんまの初共演だった。しかもさんまは「月9」自体、初の出演であった。お笑い芸人が本業なので、それも当然かもしれない。しかし、俳優としての実績はすでに大きなものだった。なかでも一九八六年に主演し高視聴率を挙げた『男女7人夏物語』は、テレビドラマ史に残る作品である。このドラマは、独身男女のもつれる恋愛模様を都会の風俗を交えて軽快に描き、のちに「月9」の代名詞となったトレンディドラマの原点ともされる。その意味では、さんまと

「月9」との縁には浅からぬものがあった。

当のドラマは、木村拓哉がフレンチレストランのコック見習い・片瀬涼、明石家さんまが刑事・堂島完三、深津絵里がその妹・堂島優子にそれぞれ扮するという設定だった。そのなかで、殺人事件と三人の過去の秘密が絡み合いながら物語は展開していく。全話の平均視聴率が二二・六パーセント、最終話がその年の連続ドラマの最高となる二七・〇パーセント（いずれも関東地区。ビデオリサーチ調べ）と数字的にも上々の結果を残した。

この初共演には副産物がついた。これをきっかけに交流を深めた木村拓哉と明石家さんまによる番組が企画されたのである。それが、二〇〇三年に始まり、いまや正月恒例（二〇一四年の特別回は七月、また一七年に関しては四月の放送）となっているバラエティ特別番組『さんタク』である。

この番組、お互い未体験なことや苦手なことに挑戦するというのが一貫したコンセプトだ。何をするかを決める二人のフリートークから始まり、そこで決まった企画に実際に挑戦する。エンディングでは木村拓哉がギターを手に弾き語りを披露する場面もあるなど、正月番組ということもあり二人のリラックスした表情を見ることができる。

年によっては、未体験なものということで相手の専門分野への挑戦が企画になることもある。二〇一五年の放送では、さんまがＳＭＡＰのツアーのステージにサプライズ登場し、木村拓哉と「アミダばばあの唄」をデュエットした。

また翌二〇一六年の放送では、そのアンサー企画として木村拓哉が吉本興業の本拠地である劇場・なんばグランド花月でさんまとともに人生初の舞台コントに挑むことになった。『SMAP×SMAP』でコント自体は数多くこなしているが、生の観客がいる舞台でのコントには、まったく違う緊張感があるのだろう。さんまと二人でアリクイに扮してのコントだったが、本番前の緊張は見ている側にも伝わってきた。だがいざ本番になると初めてということを感じさせない出来栄えで、客席も大いに盛り上がるなかで無事終了した。

現在、木村拓哉にレギュラーのバラエティ番組はない。しかし、『SMAP×SMAP』などで見せてくれたコントやトークでの姿も、彼を知るうえで忘れてはならないものだろう。そこで本章では、木村拓哉にとってのバラエティとは何なのか、そしてそこに見て取れる彼ならではの魅力と立ち位置を探ってみたい。

## 録画再生能力

『空から降る一億の星』で木村拓哉が演じる片瀬涼には、物語のうえでも鍵となる特殊な能力がある。それは、どんなものでも一度見たら正確に記憶できる能力である。例えば、ラックに並べられた数十ものビデオパッケージのタイトルを一瞬見ただけで覚え、もし配列が崩れてしまっても元の順番どおりに並べ直すことができる。

実は、それと似たようなことを木村拓哉は自分自身について語っている。それを彼は〝録画再生能力〟と呼ぶ。つまり、「映像を頭に焼き付けて、再現する」ことができるというのである（前掲『開放区』）。

さんまは二〇一六年の『さんタク』のなかで木村拓哉に対して「お前は覚えが早いから一日二時間だけ稽古すればいける」と言っていたが、この〝録画再生能力〟は、木村拓哉がさまざまな場面で感じさせる勘のよさの秘密なのかもしれない。一つひとつ順を追って習得していくのではなく、全体を一気に把握することができる。例えば、彼の趣味の一つであるサーフィンについてもそうだ。「波乗りに行く前は、プロのサーファーのビデオを見てから行く。自分が海に入ったときに、「ああやって、波に対して構えてたな」とか、「こうやってからだを傾けてたな」っていうのを思い出してやってみる」（同書）

当然それは、ドラマなどの仕事でも役に立つ能力だろう。実際、木村拓哉は、セリフを覚えるときには一回頭のなかでストーリーの流れを自分なりにビジュアル化したり、台本のページそのものを頭のなかに入れたりするという（同書）。

前章で、木村拓哉にはプレーヤーとしての矜持があるということにふれた。彼にとって、プレーヤーであることには他のどのポジションにも代え難い喜びがある。この〝録画再生能力〟もまた、そんなプレーヤー・木村拓哉を支えるものにちがいない。その能力を通じて、作家なり脚本家なりが作った世界のなかに入り込み、与えられた役柄を全うすること。そのことを自分に課し、また同時に楽しんでいる姿がうかがえる。

そしてその能力はおそらく、ドラマや映画だけでなく、バラエティにも生かされているはずだ。

それを実感させる場面は、二〇一六年の『さんタク』にもあった。コントの事前の打ち合わせのときのことだ。木村拓哉は、明石家さんまから共演する次長課長・河本準一の持ちギャグである、『サザエさん』のなかでマスオさんが驚いたときのセリフ「えぇーっ!?」の物まねをやるように言われた。突然のことに驚く木村拓哉。だが彼は、即座にそれを完璧にやってみせた。

振り返ってみても、『SMAP×SMAP』の初期の名作コントの一つ「古畑拓三郎」もそうだった。ドラマ『古畑任三郎』で田村正和が扮する古畑任三郎の物まねをする人は少なからずいるが、あそこまで〝完コピ〟できた例は、そうないだろう。もちろんそのためには耳のよさも不可欠だが、テレビとなれば表情やしぐさなども重要になる。その意味では、総合的な〝録画再生能力〟の高さと言えるだろう。ドラマ『探偵物語』の松田優作をまねた「探偵物語ZERO」の工藤俊作や、小室哲哉の独特のクネクネした動きを見事に再現したフラワーTKなどについても同様だ。

そこには、単なるパロディというだけにはとどまらない、対象に没入し、同化してしまうような観察眼の鋭さが感じられる。だがそうしたことも、彼の〝録画再生能力〟について知れば十分納得できる。

## 現場の人・木村拓哉

しかし、それをただコピーする能力が高いというだけで片づけてはならないだろう。それはあくまで大前提だ。そのうえで単なるまね以上のものを見せてくれるところにプレーヤー・木村拓哉の本領はある。

なんばグランド花月でのコントのときにも、そんな場面があった。朝五時のカラオケ屋という設定。疲れて寝ているさんまと河本、そして木村拓哉。ふと目覚めて「いま何時?」「女の子たち、もう帰った?」というフリのあとに木村拓哉が「うわっ、さっきの娘たちから、すごいライン来てる」とアドリブを発すると会場は爆笑に包まれた。

プレーヤーであるとは、現場の人であるということだ。その場の状況や成り行きにしたがって臨機応変に振る舞うことができてこそ、すぐれたプレーヤーである。人生初で挑んだ舞台コントの緊張感のなか、木村拓哉は実際始まってみれば観客の反応をギャグにするなど、ライブでの強さを随所に感じさせた。その象徴が、このアドリブだったと言えるだろう。

ただ木村拓哉にとって現場とは、こうした観客がいるような場だけを指すのではない。

何度か裏話として語られていることだが、『SMAP×SMAP』のスタジオ収録の際、木村拓哉は待ち時間でも楽屋に戻らず、スタジオ前の控え場所である前室にずっといたという。そこもまた彼にとっては現場だったのだ。「基本、出演者の役割は現場にいることだと思ってるから。本番だけが仕事じゃない。セット転換だったりコーナーが変わったりしているスタジオ内の動きを感じていたいし。メークさんや美術さんとちょっとコミュニケーションをとれるところにいたいってのもあるかな」(『SMAP×SMAP COMPLETE BOOK――月刊スマスマ新聞 VOL.2~RED~』)

ここでも、木村拓哉のプレーヤーとしての意識は一貫している。本番中だけでなく、収録の準備にスタッフが働いている場所もまた、彼にとっては現場である。「何を食うか、何をしゃべるか、何を歌うか。考えてくれるのもスタッフだし。スタッフがいて、初めて成り立っていることだから」(同書)

スタッフへの感謝の念が感じられる。また、すべてが台本に書かれているわけではないバラエティでは、スタッフも含めた現場の雰囲気が大切であることを木村拓哉が見抜いていることも伝わってくる。そのなかで彼は、出演者、つまりプレーヤーとしてどのような立ち位置にあるべきかを常に考えているのだろう。

そこから一つ出てくる答えが、視聴者目線に立つということだ。「自分がスマスマの中で発する言葉とかって…なんか全然、業界目線じゃないんだよね（笑）。ホントに、視聴者の人を代表してしゃべってるような感じかな」（同書）

海外からの有名スターや普段ほとんどテレビに出ないようなアーティストが出演することも多い『SMAP×SMAP』で、木村拓哉が見せる反応は確かに驚くほど素直である。特に「やっべえ」とか「すっげえ」とかいった感嘆詞が発せられる頻度は、他のSMAPのメンバーよりもかなり多かった印象がある。〝トップスター・木村拓哉〟というイメージを持つ私たちから見れば、意外な感もある。だがそれは彼自身が語るように、バラエティという場では「視聴者の人を代表」する立場であるといつも意識していたからなのだろう。そのことによって、テレビの前の私たちも彼と同じ現場の人になったような気分が味わえるのだ。

## 下ネタの意味

バラエティでのそうした姿からは、木村拓哉の「素」の部分が垣間見える。それは、「カッコいい」という言葉でくくられがちな木村拓哉という存在の、一味違う人間的魅力を教えてくれる。

例えば、二〇一四年のフジテレビ『FNS27時間テレビ』がそうだった。SMAPが総合司会を務めたこの年、深夜恒例の「さんま中居の今夜も眠れない」のコーナーに中継で登場した木村拓哉は、セクシー女優相手に〝暴走〟した。ハニートラップにかかり、痛い目に遭った経験を持つさんまのために安全なセクシー女優を紹介しようというコンセプト。そこで木村拓哉は居並ぶセクシー女優を相手に下ネタおかまいなしで仕切り、むしろさんまや中居正広があわてて抑えようとしたくらいだった。

その中継が終了したCM（コマーシャル）明けのこと。「さんまさんに楽しんでもらうために身を削って頑張ってくれた」と中居がフォローすると、さんまは「身を削ってないよー、あいつ。あいつ、あんなんやで」と返す一幕もあった。

このさんまの言葉は、木村拓哉のラジオ番組『木村拓哉のWhat's UP SMAP!』（以下、本文では『ワッツ』と略記）を聴いているファンであれば、大きくうなずけるものだっただろう。

一九九五年に始まったこの番組では、彼の飾らない一面が存分に楽しめる。その象徴とも言えるのが下ネタで、女性の下着の好みについて事細かに語ったり、自分の性の目覚めに絡んでボディコンブームの思い出を語ったりとほとんど当たり前のようにそうした話題が展開される。

そこには、木村拓哉が持つ等身大的な少年の部分が顔をのぞかせる。聞いているのはおそらく女性のほうが多いだろう。しかし、『ワッツ』での彼の話しぶりからは、思春期の少年が同年代の友人同士で交わす下ネタのノリが一貫して感じられる。『27時間テレビ』での〝暴走〟も、そうしたかわいげを感じさせる部分があったからこそ笑いに昇華できたのだろう。

『SMAP×SMAP』の人気キャラクター「ペットのPちゃん」誕生のいきさつにも、同じことが言える。『ワッツ』で木村拓哉と知り合った放送作家・鈴木おさむは、同じ一九七二年生まれの同級生、まさに同年代の友人だ。「ペットのPちゃん」は、そんな鈴木おさむとのなにげない会話のなかから生まれた。「移動で飛行機に乗ってる間、おさむとずっと『こういうやつが、こんなこととして、こんなこと言ったら、面白くない？』と話していって。（略）ピンクの犬の着ぐるみを着てるやつなんかも、飛行機のなかでずっと話して作ったもののひとつだよね」（「Bananavi!」vol.001）

Pちゃんのコントも、ご存じのように下ネタのノリがベースにある。このキャラクター、木村拓哉扮する犬のPちゃんが飼い主である稲垣吾郎扮するパパの目を盗んでママや遊びにきた女性ゲストに突然人間の言葉を話し、誘惑し始める。

こうした下ネタは『SMAP×SMAP』には珍しく、当初はコーナー前に「大人の方のみご覧頂けます」とのクレジットが出ていたほどだ。最近では主婦の不倫を描いて話題になったドラマ『昼顔――平日午後3時の恋人たち』のパロディコント「昼顔」もあるが、

「ペットのPちゃん」は番組開始直後の一九九六年五月から始まっている。となると、下ネタはやはり、年齢に合わせた題材の変化というよりは、木村拓哉の「素」の部分からくるものであると言ったほうが正確だろう。

## 色気のありか

また木村拓哉は、自分でも認めるように「エロい」という表現をよく使う。しかしこの場合は、単なる下ネタとは違って、人が持つ色気を木村拓哉流に表現したものだ。年齢に関係なく、「向こうに何があるのか見たかったら、多少の塀ならよじのぼっちゃうような感じ」と木村拓哉はそれを例える（前掲『開放区2』）。前章でもふれたトム・ソーヤーへの憧れのように、いかにも冒険心あふれる彼らしい表現だ。

彼によれば、そういう人に多く出会えるのは仕事の現場だという。「それぞれのパートで、それぞれ担っている責任を、個性を駆使して果たしている。おもしろいボキャブラリーを持っているし、引き出しも多い。名刺なんて必要なくつき合える」。つまり、「根っこの部分の人間的魅力」があってこその色気なのだ（同書）。

では、そんな色気はどうすれば醸し出せるのか。木村拓哉はこう答える。「それは自分の足で動いて、いろんなものを見て、たくさん感じること。たぶんライブの動きひとつにしても、憧れたアーティストのステージングを見たからこそ生まれるものだろうし、被写体になるときも、好きな写真集を見てなかったらできない表情をしてるかもしれない」（同書）

〝録画再生能力〟は、こんなところにも発揮されている。ライブのステージングやカメラの被写体になるときの表情。当然ドラマや映画で一つの役柄を演じるときもそうだろう。そしてコントでも。ただ繰り返しになるが、それは単なるコピーではない。自分というフィルターを通すことで、物まねを超えた何かが醸し出される。それが色気、つまり「エロい」ことにつながるのだろう。

そう言えば、木村拓哉のコントキャラクターは一様にどこか「エロい」。パラパラブームに一役買ったバッキー木村や「ホストマンブルース」のホスト・ヒカルのような設定からしてそのようなキャラクターはもちろんだが、「スマスマ高校メガネ部っ！」のキャプテンのように、瓶底メガネに奇妙なカツラという扮装をした、気弱そうなキャラクターでもそうだ。このキャプテンのイメージは、木村拓哉の描いたスケッチがもとになっているという（『SMAP×SMAP COMPLETE BOOK――月刊スマスマ新聞VOL.3〜BLUE〜』）。その点、ここでも彼の記憶の蓄積、〝録画再生能力〟が一役買っているのだろう。

また艶《あで》やかさという意味では、いくつかの女性・女装キャラも思い浮かぶ。「竹の塚歌劇団」の愛ゆうき、「ギャル店員シノブ」のシノブなど、性別を超えて「きれい」という表現がぴたりとはまる。二〇〇五年の『さんタク』では、ビヨンセのPV（プロモーションビデオ）を再現するという企画で自らビヨンセに扮し、さんまやスタッフをざわつかせる場面があったことも思い出される。

なるほど、こうしたキャラクターが残すインパクトは、彼が持つ類いまれなビジュアルの力があってのものだろう。ただ、コントの基本はキャラクターを演じきることだ。「ちょっと一回タンマ」など若者には意味不明な言葉を使ってしまい、四十六歳という本当の年齢がばれそうになるが、息子の高校受験の費用が必要なために必死に取り繕うシノブなど、おかしくはあるが「根っこの部分の人間的魅力」にあふれている。だからこそ、木村拓哉が演じるキャラクターはどれも、鮮やかでオリジナルな印象を私たちに残すのではないだろうか。

この「根っこの部分の人間的魅力」を、やはり「素」の魅力と言い換えてもいいだろう。それは、ラジオでの下ネタのノリともまた違う、演技からにじみ出る「素」の部分だ。このように、一口に「素」と言ってもさまざまで、そこに木村拓哉の魅力の奥深さ、さらに時代との関わりがあるように思える。この点については、第8章で〝「素」の多面体としての木村拓哉〟というかたちで改めて詳しく述べてみたい。

## 偶然の一致

SMAPが、デビュー当時歌番組の減少もあってなかなか軌道に乗れずバラエティに活路を求めたことは、知る人ぞ知るところである。それは、いまでは想像がつきにくくさえあるが、アイドルが本格的バラエティに取り組むことなど、まだ前例がない時代のことだった。

当初、木村拓哉のなかでは、バラエティに出ることは「人に笑われる」ことだという感覚から抜けきれず、抵抗が強かったという。また俳優業との兼ね合いが難しかったという側面もあるだろう。『ロングバケーション』と『SMAP×SMAP』は同じ日が初回だった。その際、『SMAP×SMAP』のプロデューサーだった荒井昭博から「ロン毛バケーション」というパロディコントの企画を打診され、即座に「いや、ないっすね」と断ったというエピソードがそのことを物語る（『木村拓哉のWhat's UP SMAP!』二〇一六年十二月三十日放送）。

だがお笑い芸人たちとの出会いが、彼を変える。「すごい努力だったり、すごい感覚だったりがないと、人を笑わせることはできない」、そう考えるようになったのである。

加えてそれは、「一番最初に密接に知り合ったのが、いきなりさんまさんだったから、なおさら強く感じ」たことでもあった（前掲「Bananavi!」vol.001）。その意味で、「おじき」と呼んで慕うさんまとの『さんタク』でのコント共演は、「いままでかいたことのない汗をかいた」とコント後に振り返った木村拓哉にとって、記念すべき一ページになったにちがいない。

そして彼は、「〝人を泣かせる〟ということと、〝人を笑わせる〟っていうことは同じなんだな」といつしか思うようになった（同誌）。つまり、ドラマとバラエティは、本質的に変わらない、と。

『空から降る一億の星』で木村拓哉扮する片瀬涼は、幼い頃に父親を失った出来事をきっかけに施設で育ち、人を愛することができないでいる。父親の死の場面も、そのとき受けたショックがもとで思い出せない。ところが、明石家さんまと深津絵里扮するきょうだいと運命の糸が絡み合うなかで、あるとき彼は〝録画再生能力〟を取り戻し、父親の死の場面をまざまざと思い出す。しかしそのことによって物語は悲劇的な結末へと向かっていく。

その結末を迎える直前の場面、木村拓哉が見せる演技が強く印象に残る。深津絵里扮する堂島優子との出会いによって人を愛することを初めて知った片瀬涼は、それまで見せていた冷酷なまでにクールな表情を一変させ、最後の最後に涙ぐみながら優しく彼女にほほ笑む。その泣き笑いの表情が、美しくも哀しい。

それは、このドラマの主題歌であるエルビス・コステロの「スマイル」の歌詞を連想させる。「ほほ笑んで　こころが痛くても　ほほ笑んで　こころが折れそうになっても」と歌いだすこの歌もまた、喜びが悲しみや苦しみと背中合わせのものであり、でもだからこそほほ笑もうとささやきかける。ドラマのラスト、一人残された明石家さんま扮する堂島完三が、涼と優子の二人が残していったカセットテープから流れる「見上げてごらん夜の星を」を聴いて号泣したあと、何かを吹っ切るようにほほ笑むシーンも、そのことを暗示する。

「スマイル」は、もともと映画音楽として作られた。作曲したのは喜劇王と呼ばれるチャールズ・チャップリン。自らが主演した映画『モダン・タイムス』で使われた曲である。その後歌詞付きのバージョンができ、多くのアーティストによってカバーされてきた。エルビス・コステロもその一人だ。

そして尊敬する人にチャップリンを挙げるのが、中居正広である。SMAPが結成されてまだ間もない頃、チャップリンの『街の灯』を見て感動した中居正広は、チャップリンの伝記のなかで「喜怒哀楽の中でいちばん難しいのは、人を喜ばせること、笑わせることだ」という一文に出合い、バラエティの道を極めようと決意する（「中居くん日和」「ザテレビジョン」一九九七年八月二十九日号）。

バラエティに真摯に取り組むなかで木村拓哉が得た「〝人を泣かせる〟ということと、〝人を笑わせる〟っていうことは同じなんだな」という思い。それは、中居正広が出合い、彼を動かしたチャップリンの言葉と確かに響き合っている。こうして二人は、それぞれ別の道筋をたどりながらも、同じ場所に行き着いたのだ。その偶然の一致に、私はＳＭＡＰというグループが作り上げたエンターテインメントの本質、そして深さを垣間見た思いがした。

第3章

# 木村拓哉と『武士の一分』

# 「志」とは武士のこころである

木村拓哉は、ある対談のなかでこう語ったことがある。「自分の人生を支えてくれる言葉って「志」なんです。武士の士に心を書いて「志」」（POPEYE／anan 共同編集『THE SMAP MAGAZINE——Superfashion & Music Assemble Photomagazine』）

「志」という字の成り立ちを説明するのに〝武士〟を持ち出すのは、珍しいことではないかもしれない。だがそれが「自分の人生を支えてくれる言葉」の説明であるところに、木村拓哉にとっての「武士」という存在の特別さが伝わってくる。

では、木村拓哉が考える「武士」とはどのようなものなのだろうか。彼は言う。「僕ね、サムライと武士は違うと思うんですよ。侍《さむらい》というのは、〝さむらう〟という言葉にもあるように、今でいうサラリーマン。でも武士《もののふ》は武勇をもって仕える人」（同誌）

普段、「武士」と「侍」を意識して使い分けている人は、あまりいないだろう。むしろ違いなどないと思っている人は多いはずだ。しかし木村拓哉にとって二つは、はっきり分けて考えるべきものなのだ。

武士も侍も、召し抱えられるという点は変わらない。つまり、藩や幕府といった組織に仕える一員だ。しかし、侍という言葉に木村拓哉は現代のサラリーマンを重ねている。組織のために自分の意思や主張を抑えざるをえない人たちというニュアンスだろう。
それに対して武士は、組織の一員である前に、自らの意思や主張を持った個人である。その個の力の象徴となるのが、厳しい鍛錬によって身につけた武勇ということになるのだろう。

そのあたり、木村拓哉自身が長く剣道をやっていたことも思い出させる。幼稚園から中学三年まで続けていたというその腕前は、テレビでも披露されたことがあるから知っている人も多いはずだ。また「小学校低学年のころはケンカばかりしてた。カッときたら口より先に手が出てたね」と本人が述懐する少年時代の木村拓哉にとっては、武道を通じた人格形成の意味合いもあっただろう（『SMAPスーパー写真集――THE FIRST』）。

そして俳優としての木村拓哉もまた、キャリアの節目と言えるタイミングで何度か武士を演じてきた。二〇一七年には、その新たな一歩となる三池崇史監督『無限の住人』も公開された。同年代の俳優と比べても、武士役が多いことは間違いない。

それが、彼自身が望んだ結果なのか、それとも周囲が彼に対して持つイメージや期待からきたものなのかはわからない。おそらく両方なのだろう。それほど武士を演じる木村拓哉には、役と本人が一つに溶け合っているのが感じられる。そうであるとすれば、「志」とは、木村拓哉本人だけでなく、俳優・木村拓哉をも支えてくれる言葉であるはずだ。

そこで本章では、木村拓哉が武士を演じてきた作品を振り返りながら、俳優・木村拓哉のコアにあるものを探ってみたい。もちろん彼の出演作品はそれだけではなく、役柄もジャンルも多岐にわたる。それらについては、またテーマに応じてこの後取り上げられればと思う。

## 「必死すなわち生くるなり」

映画『武士の一分』は、監督・山田洋次、主演・木村拓哉で二〇〇六年に公開された。「一分」とは、一人の人間としての面目や名誉といった意味である。

いかにも藤沢周平の小説が原作らしく、この作品は、主人公が圧倒的な剣技で大活躍するような、痛快娯楽時代劇ではない。木村拓哉が扮するのは、東北の小藩にわずか三十石の禄で仕え、妻の加世、使用人一人とともにつましい生活を送る下級武士・三村新之丞である。

三村の役職は藩主の毒見役。武勇とは無関係の、木村拓哉流に言えば「侍」、典型的なサラリーマンである。しかも毒見役は、いわば藩主の身代わりになって、いざというときには藩という組織のために自分が犠牲にならなければならない、そういう仕事である。

そしてその心配は、現実のものになってしまう。ある日三村は、藩主の食事に出された貝の毒にあたり、失明してしまう。加世の献身的看護もあり、動揺した三村もいったんは平静を取り戻す。ところが、家禄を守るため、やむなく加世は藩の上役と不貞をはたらいてしまう。そのことに気づいた三村は、加世に離縁を言い渡す。だが実は、その上役は口利きを口実に加世をだましていたにすぎなかった。その事実を知った三村は、「武士の一分」を賭け、盲目の身でありながら上役に対して果たし合いを申し込む。

つまり、『武士の一分』とは、「武士」と「侍」のあいだにある矛盾、それを抱え込んで葛藤する一人の人間の物語である。親から受け継いだ家を守るためには「侍」でなければならない。とはいえ、「武士」としての強い自尊心もある。そのため、その面目をつぶされるようなことがあれば無謀とも思える果たし合いを挑むこともいとわない。

木村拓哉は、静謐さのなかに秘められた三村の内心の揺れ動きを繊細かつ自然に演じている。「すごく恵まれていたのは、〝順撮り〟だったこと」と彼自身が振り返るように、ストーリーの流れどおりに撮影されたことも、「流れのままに新之丞に入り込めた」理由かもしれない（前掲『開放区2』）。

例えば、三村新之丞役では目の演技を封じられているという大きな制約があるにもかかわらず、いやむしろそのために木村拓哉は深い心情の表現に到達している。中毒による昏睡から目覚めて目が見えないことに気づくが、それを加世に言いだせず悩む場面、あるいは不貞を知り、こころを鬼にして離縁を言い渡しながら人知れず落涙する場面など、山田洋次の心得た演出とも相まってたびたびハッとさせられる。

またそうした静の部分が、動の部分をいっそう際立たせる。剣を手に持ち、ひとり鍛錬を積み、相手と戦う姿は、私たちがよく知るダイナミックで身のこなしが美しい木村拓哉だ。クライマックスの一つでもある果たし合いの場面は、張り詰めた緊張感、そして一瞬の勝負の決着に思わず息をのむ。

だがそれらに劣らず印象に残るのは、緒形拳扮する剣の師匠・木部孫八郎と道場で稽古する場面だ。三村が誰かと果たし合いをするつもりでいることを知った木部は、盲目である三村のことを案じて加勢を申し出る。しかし三村は、「武士の一分」としてその申し出を拒絶する。

すると事情を察した木部は、かつて免許を授けた際に伝えた言葉を三村に思い出させる。「ともに死するをもって、心となす。勝ちはそのなかにあり。必死すなわち生くるなり」。相討ちになることも覚悟のうえで勝負に臨むことで、はじめて勝機が見える、という教えである。

「必死」という言葉は、「全力」とか「一生懸命」のような意味で私たちも普段の会話のなかで気軽に使っている。だがここでは、その言葉の意味ははるかに重い。武士にとって生きることとは、文字どおり死の覚悟とともにある。その覚悟がなければ、真の活路は開けない。それは、同じく死と隣り合わせの状態であっても、自分の「志」がそこにない毒見役とは似て非なるものなのだ。

## 最初の時代劇

いま思えば、木村拓哉の時代劇初出演・初主演作となった一九九八年放送の『織田信長天下を取ったバカ』にしても、武士としての「志」の目覚めがテーマになっていた。織田信長と言えば、戦国時代を彩る英雄の一人である。ドラマや映画では、奇跡的勝利を収めた桶狭間の戦いなどの合戦の様子や命を落とした本能寺の変がクライマックスになるのが定番だ。

ところがこのドラマでは、そうした場面は一切登場しない。主人公は、天下統一に乗り出す以前の若き日の信長だからだ。大名の跡取りらしからぬ常識外れで傍若無人な言動から「大うつけ（大馬鹿者）」と陰口をたたかれ、周囲に理解者も少ない。だが一緒に遊び回る領地内の若者たちからの信頼は厚く、鉄砲にいち早く着目するなど進取の気性にも富んでいる。

当時まだ二十代半ばの木村拓哉は、そんな風雲児・信長を実に颯爽と演じている。派手な色合いの着物の片肌を脱ぎながら、馬を駆り、大股で闊歩する信長の疾風のようなスピード感、そしてそこに発散される色気は、一九九六年の『ロングバケーション』以来、時代の寵児に躍り出た木村拓哉本人ともダブる。

ただ、それだけではない。他の木村拓哉の出演ドラマでも組んだ井上由美子脚本によるこの作品では、信長が天下統一の「志」を抱くようになるまでの葛藤と決意のプロセスが丁寧に描かれていて、それがドラマに奥行きを与えている。

信長には、家族との確執があった。筒井道隆扮する弟・信行との家督相続争いは、いしだあゆみ扮する母親が信行を溺愛し、信長を疎んじていることからいっそう深刻で熾烈なものになる。もともと温和な性格で、信長との仲も悪くはなかった信行だったが、母と兄の板挟み、信長の妻・濃姫へのひそかな想いなどから、次第に対立の度を深め、結局信長に反旗を翻す。信長は、そんな運命の成り行きにこころを痛めながらも、「戦はそこにあるもの」と覚悟を決める。そして最後は自らの手で信行を斬り、天下取りの決意を固める。

『武士の一分』では、家庭はささやかながらも確かな幸福を得られる場だった。三村新之丞が果たし合いを挑んだのは、自らの武士としての面目のためであると同時に、檀れい演じる妻・加世とのかけがえのない日常を守るためだったと言える。

それに対して『織田信長 天下を取ったバカ』では、家族は「志」にとっての障害になるものだった。それが戦国時代の倣いであったとしても、ときには涙をのんで血のつながった家族を斬り捨てなければならない。

では、妻である濃姫との関係はどうなのか。中谷美紀扮する濃姫は、美濃の大名である斎藤道三の娘だったが、政略結婚によって信長の元に嫁いでくる。懐には父・道三から授けられた短剣を忍ばせ、信長とのあいだには常に緊張した空気がある。

だが日々接していくなかで、二人のあいだには信頼関係が生まれてくる。信長が道三に招かれて会見することになった際には、いざというときのためにその短剣を信長に渡すまでになった。

そして最終的には、二人は最も身近な同志のような存在になる。

自ら信行を斬った直後の信長と濃姫が廊下で出くわす場面は、そんな関係性を示すものだ。信長の顔にかかった返り血を無言で拭き取る濃姫、そんな彼女を抱き寄せる信長。だがその表情には、安堵というよりも、弟を斬らなければならなかった悲しさと天下取りの「志」を固めた強い決意とが入り混じる。アップでとらえられた木村拓哉の表情が、そんな万感の思いを余すところなく伝えて秀逸だ。このドラマのハイライトとも言える場面である。

## 「武士」の生きにくさ

武士の「志」にとってそのように同志が必要であること。二〇〇一年放送の『忠臣蔵1/47』（十二月二十八日放送）では、それが中心テーマになっている。

言うまでもなく「忠臣蔵」は、江戸時代、赤穂浪士が起こした仇討ち事件をもとにした物語である。これまで何度も演劇、映画、ドラマの題材になってきた。知らない人はいないと言ってもいいくらいだろう。

とはいえ、この『忠臣蔵1/47』はそのなかでは異色だ。「忠臣蔵」の主人公は吉良邸討ち入りのリーダーである大石内蔵助であるのが相場だが、このドラマでは、討ち入りをした四十七士の一人、堀部安兵衛が主人公である。その安兵衛を木村拓哉が演じた。

安兵衛は剣豪として知られ、四十七士のうち人を斬ったことがある唯一の人物とされる。それは高田馬場であった果たし合いのときのこと、安兵衛は八面六臂の活躍で相手の加勢を斬り倒し、そのことが「十八人斬り」として世間で評判になった。そしてこれをきっかけに、天涯孤独だった安兵衛は、堀部家に婿入りして赤穂藩に仕官することになる。

このように、安兵衛は武勇をもって仕えることになった典型的な「武士」だ。ドラマのなかでも彼は、赤穂家再興を目指す内蔵助に反対し、吉良上野介への仇討ちを強硬に主張する。藩という組織を守ろうとする内蔵助と、それよりも武士としての面目を優先しようとする安兵衛の対比がこのドラマの基本構図だ。

だが、安兵衛は決して自己中心的な人間ではない。家族や友人思いの一面を持つ。木村拓哉は、そんな血気盛んな猛々しさと他人思いの優しさを併せ持つ安兵衛を巧みに造形している。

例えば、杉浦直樹演じる堀部弥兵衛と道場で対決するシーンなどは印象的だ。

高田馬場の果たし合いを見て安兵衛に惚れ込んだ弥兵衛は、深津絵里演じる娘・ほりの婿養子にとしつこく安兵衛を誘う。だが安兵衛は首を縦に振らない。そこで弥兵衛は、無理を承知で道場での勝負を挑み、自分が勝ったら養子になることを求める。

最初はそれで諦めてくれるならと勝負を受けた安兵衛だったが、何度打たれても立ち上がって挑んでくる弥兵衛にこころを動かされ、とうとう養子入りを承諾する。武勇を介してこころが通じ合うさま、そして安兵衛の人間的優しさが伝わる場面だ。

こうして堀部家に入った安兵衛に、しばしの穏やかな暮らしが訪れる。だがどうしても仇討ちを急ぐ安兵衛は、家を飛び出す。「死なれては困ります」と言うほりに安兵衛は、「いまの俺は死んだも同然だ」と返す。「俺は武士だ。いまのままでは生きている意味がない」「生きることにそもそも意味なんてない。いかに死ぬか（だ）」「武士は死に場所を得るため日々生きている」と安兵衛は思いを語り、ほりの元から去っていく。

赤穂浪士による仇討ち事件があったのは、江戸元禄時代。徳川幕府も安定期に入り、戦がなくなって久しい太平の世になっていた。裏を返せば、武勇だけでは渡っていけない世が到来していた。「武士」にとっては生き方の難しい時代である。安兵衛は、そんな時代の流れのなかで、それでも「武士」として生きることを全うしようともがく人物として描かれている。

## 「弱さ」の意味

では、そうした時代の変化のなかで、武士が武士として生き抜くためにはどうすればいいのか。

二〇一四年に木村拓哉主演で放送された『宮本武蔵』(三月十五日・十六日放送)は、その答えをとことんまで追い求めようとしたドラマだ。

剣豪・宮本武蔵もまた、十七歳で関ヶ原の戦いに参加し、その後徳川幕府の世になった時代を生きた人である。このドラマの原作にもなった吉川英治の小説をはじめ、これまで数々の映画やドラマの題材になってきた。最近では、井上雄彦のマンガ『バガボンド』でも知られるところだ。

この作品、有名な佐々木小次郎との巌流島の決闘を筆頭に、さまざまな決闘の場面が当然見どころになる。吉岡一門七十六人に一人で立ち向かう「一条下り松」の場面などは、木村拓哉の荒々しい息遣いまで伝わる殺陣のすさまじさ、そのスケールの大きさが強く記憶に残る。

そうしたシーンは、共演者やスタッフとの固い信頼関係があってこそのものだろう。撮影していた京都太秦撮影所のベテランスタッフから「もっと時代劇やってくださいよ。だってほんまに振れるやないですか」と言われ、木村拓哉自身「どんなことがあっても今回やり抜こうっていう気持ち」になったというエピソードは、その一端を物語る（『木村拓哉のWhat's UP SMAP!』二〇一四年一月三十一日放送）。

その一方で、この作品はまた、宮本武蔵という一人の「武士」が理想の生き方を追い求めて悩み、遍歴する魂の物語でもある。武蔵は剣の力だけで立身出世を果たそうとするが、その夢に破れて一度は剣を捨てる。しかし、純粋に剣の道を極めようと再び立ち上がる。己の剣の力だけで〝天下無双〟となり、一国一城の主を目指す武蔵の姿は、「天下を取る」と決意した「織田信長」に重なるところがある。また仕官することよりも武士としての生き方を貫こうとする点では、「堀部安兵衛」や「三村新之丞」に通じるところもある。これらの点から見ても、この宮本武蔵役は、作品の違いを超えて、それまで木村拓哉が演じ続けてきた「武士」の集大成のようなところがある。

その苦悩と遍歴の過程で武蔵が見つける意外な答え、それは「弱くなる」ことである。「一条下り松」では、多勢に無勢の果たし合いであったとはいえ、まだ幼い子どもまで斬らなければならなかった武蔵。やはり無用の殺生だったのではないかと思い悩む。結局、武蔵は剣を捨て、山奥に隠遁し自給自足の生活を営み始める。

しかし、ある日近隣の村が山賊に襲われ、殺されそうになった子どもを救うため武蔵は思わず剣を手にする。そのことを村人に感謝され、農作業を手助けしてもらうようになった武蔵は、ただ強くなるためだけではない、武道の本当の意味を見つけるために再び剣を手に取ることを決意する。

かつて殺気を全身から発散させていた武蔵は、槍の達人と呼ばれる僧、西田敏行扮する日観に「御身は強すぎる」「もっと弱くならにゃいかん」と言われたことがあった。その日観を武蔵は再び訪ね、命を生かす仏道と命を殺す武道の矛盾をどう克服したのか、と尋ねる。それに対し、日観は「矛盾は矛盾のまま」持ち続けるのだと答える。「白と黒のあいだの灰色。そこにとどまってこそが大切なんじゃ」「真の強さとはそうしたものじゃ」

自分の「弱さ」を受け入れること、それが実は真の強さなのだ、そう日観は言う。それを聞いて「実に…難しい」と返す武蔵。だがその表情は、何かを悟ったかのように柔らかく穏やかだ。このときの木村拓哉の深みをたたえた演技は、武蔵が達した境地を表現して出色と言っていい。

したがって、最後のクライマックスとなる沢村一樹扮する佐々木小次郎との巌流島での決闘は、もはや〝天下無双〟を決めるためのものではない。それは、「限界のその先にあるものを見てみたい」という自分の可能性の追求なのだ。

その意味では、佐々木小次郎は敵ではなく、同じ「志」を抱く同志である。「俺にとってのライバルは、勝ち負けなんて考えたくない人たちのこと」「同じフィールドで闘いながら、お互いを認め合ってる（人たち）」（前掲『開放区』）という木村拓哉自身のライバル観は、そのまま宮本武蔵にとっての佐々木小次郎に当てはまるだろう。

武蔵と対峙した小次郎が、「何か見えたか、武蔵？」と問いかけるのは、小次郎もまたそのことをわかっているからだろう。それに対して武蔵は「まだわからん」と答える。そしてそのやりとりの直後、一瞬の間に決着はつく。倒れた小次郎の刀を鞘に納め、走り去る武蔵。生きているかぎり、真の強さを求める旅は続くことが暗示されて物語は終わる。

## 「精神力」の人

こうして木村拓哉の足跡を改めてたどってみると、彼が演じてきた「武士」は、やはり俳優・木村拓哉本人にどこかオーバーラップする。

ここまで、木村拓哉を支えているのはプレーヤーとしての矜持なのではないか、と述べてきた。プレーヤーは、脚本や楽曲など与えられた世界のなかで、自分の個性を最大限に発揮しようとする。それは、仕える身という立場のなかで、自分の武勇を突き詰めようとする「武士」の姿に似ている。

また木村拓哉自身、こうも言う。「僕自身、まず精神力ありきだと思ってる。それがないと体も動かせないし、何事も始まらない」。精神力とは何か。それは「自分に覚悟を与えるもの」だと彼は言う。そして「それを身につけるためには、自分の弱い部分を知ることが必要だと思う」とも（前掲『開放区2』）。「覚悟」の大事さ、そしてそのために自分の「弱さ」を知ることの必要性を説くこの言葉は、三村新之丞にとっての「必死」の教え、あるいは宮本武蔵が行き着いた境地にぴったり重なってはいないだろうか。

「木村拓哉」のパブリックイメージは、日焼けした精悍な姿で活動的な人といったところだろうか。だがこうした発言に注目するなら、彼には自分の弱さを見つめるとても内省的な一面、その意味での精神力の強さがあることがわかる。それは、より高く飛躍するためには一度深くしゃがまなければならないのに似ている。

単に与えられた役割を全うするだけでなく、そこにある可能性の限界のその先を見ようとするプレーヤー。それこそが俳優・木村拓哉なのだろう。とはいえ、限界に挑戦し続けることは、やはり孤独でエネルギーを要する作業であるにちがいない。しかしだからこそ、「武士」を演じるときの彼は、その俳優としての飽くなき追求心と役柄とが一体化して、ある種の崇高ささえ感じさせるような特別な存在感を発揮する。そんなふうに思えるのである。

第4章

# 木村拓哉と『ロングバケーション』

## 社会現象になった二つのドラマ

社会現象を巻き起こすようなドラマが生まれることがある。

最近で言えば、二〇一六年に放送された『逃げるは恥だが役に立つ』（以下、『逃げ恥』と略記）がそうだろう。同じ局で放送されている『NEWS23』や『情熱大陸』の大胆なパロディを盛り込むなど遊びごころ満載、エンディングで出演者が星野源の「恋」に合わせて踊る「恋ダンス」もブームになった、とても娯楽性豊かな作品である。

だが人気の秘密はそれだけではない。そこには、現代社会に生きる私たちが共感するような恋愛と結婚のかたちが描かれていた。

新垣結衣扮する森山みくりと星野源扮する津崎平匡は、お互いの利害の一致によって恋愛感情抜きに結婚の契約を結ぶ。だが周囲にその事実を悟られないよう「ハグの日」などカップルらしく見せるための偽装工作をしているうちに、次第に恋愛感情が二人のあいだに芽生えていく。「契約結婚」と聞くと現実離れした話のようにも思えるが、それがかえって窮屈な男女の常識や恋愛・結婚観を見直させるきっかけにもなった。このドラマが支持された背景には、そうした点も大きかった。

この『逃げ恥』の盛り上がりを目にして、私はふと『ロングバケーション』（以下、『ロンバケ』と略記）のことを思い出した。読者にはいまさら言うまでもないが、木村拓哉の連続ドラマ初主演となった作品である。

最初「ロングバケーション」という言葉を聞いたとき、木村自身「夏休みの話ですか？」というくらいの「チープな感情」しかなかったという（『木村拓哉のWhat's UP SMAP!』（二〇一〇年三月五日放送）。だがいざふたを開けてみると、『ロンバケ』もまた社会現象を巻き起こした。『逃げ恥』のちょうど二十年前の一九九六年のことである。平均視聴率二九・六パーセント、最高視聴率三六・七パーセント（いずれも関東地区。ビデオリサーチ調べ）という高視聴率を記録し、サントラ盤は数十万枚の大ヒット、さらにドラマの撮影場所となった実在のビルは木村拓哉の役名にちなんで「瀬名マンン」と呼ばれてファンが大挙押し寄せ、木村拓哉が演じたピアニスト役に憧れた男性がピアノ教室に通い始めるなど、「ロンバケ現象」と呼ばれる一大ブームになった。

しかし、それだけではない。ドラマの基本設定でも両作品には共通点がある。『ロンバケ』は、山口智子扮する葉山南が白無垢姿で街中を疾走するという印象的なシーンから始まる。結婚式当日に相手の男性が姿を見せず、それで彼女は彼が暮らすマンションに向かっているのだ。だがマンションに到着した彼女を迎えたのは、当の結婚相手ではなくルームメイトである木村拓哉扮する瀬名秀俊だった。彼女はその部屋で彼の帰りを待つことを決意、そこから二人の奇妙な共同生活が始まる。

あまり一般的とは言えないきっかけと理由から始まる、男女の共同生活とそこに生まれる恋愛の物語。しかも共同生活を始めようとするのは、『逃げ恥』であれば新垣結衣、『ロンバケ』であれば山口智子とどちらも女性の側で、男性は受け身という関係性。そう見ると『逃げ恥』と『ロンバケ』には根本的に似たところがあるように、私には思えたのである。

## 「月9」のコンセプト

ただ、星野源と木村拓哉の役柄を比べると、そこには見逃せない違いもある。『逃げ恥』の星野源は、ＩＴ企業に勤める三十五歳のサラリーマンだ。それに対し『ロンバケ』の木村拓哉は、音楽教室のアルバイト講師で生計を立てている二十四歳のピアニスト志望である。

つまり、一方は企業という組織の一員だが、もう一方はそうではない。

前章で木村拓哉にとっての「武士」と「侍」の違いについて書いた。「侍《さむらい》というのは、〝さむらう〟という言葉にもあるように、今でいうサラリーマン。でも武士《もののふ》は武勇をもって仕える人」（前掲『THE SMAP MAGAZINE』）というように、彼は二つをはっきり区別していた。それに従えば、『逃げ恥』の星野源が演じた役柄は「侍」、『ロンバケ』で木村拓哉が演じた役柄は「武士」に近い。自分で磨いた技芸一つを頼りに生きていくという点でも、ピアニストは「武士」に似ている。

ただ、木村拓哉が演じてきた「武士」の多くは、例えば『武士の一分』の三村新之丞や『忠臣蔵1/47』の堀部安兵衛のように、藩という組織のなかでいかに自分の生き方を貫くかという困難に直面していた。そこに生まれる悩みや葛藤が核となって物語が展開していた。

一方『ロンバケ』の瀬名秀俊は、そういう困難には直面していない。なぜなら、『ロンバケ』は第一にラブストーリーだからだ。

『ロンバケ』はいわゆる「月9」である。「月9」と言えばトレンディドラマであり、バブル期のイメージが強い。実際、一九八八年の『君の瞳をタイホする』から始まった「月9」の黎明期には、普通のサラリーマンやOLが分不相応なほどのオシャレで広い部屋に住み、流行の服を着こなして華やかな恋愛ゲームを繰り広げる、というのが典型的なパターンだった。

その視聴者層としてターゲットになっていたのが、二十代を中心としたOLである。バブル景気のまっただなか、例えばディスコや海外旅行のような若い女性たちの関心を引くさまざまな娯楽が街にあふれるようになっていた。そのなかで、家で見なければならないテレビドラマにそうした若い女性たちの関心を向けさせるのは難しいと、テレビ業界では考えられていた。

「月9」は、そんな当時の常識に挑戦したドラマだった。それまでのドラマでは、作家性、テーマ性が重視されていた。だが当時のフジテレビスタッフは、その逆を考えた。「月9」の立ち上げに携わったフジテレビプロデューサー・山田良明は、「若い女の人たちに見せるには、テーマがどうの、何を伝えるとかではなく、ドラマで描かれることがいかに彼女たちにとって身近な世界であるかということ」が大切だと考えた。具体的には「恋愛と結婚と仕事」、そしてそこに「情報性を加え」ること、突き詰めれば「恋愛を中心とした日常」を描くことだった（古池田しちみ『月9ドラマ青春グラフィティ』）。

『ロンバケ』も「月9」らしく、そのコンセプトに当てはまる。クラシック音楽やモデルといった華麗なイメージの世界を背景に、木村拓哉と山口智子、さらに竹野内豊、松たか子、りょうらが絡んで展開していく恋愛模様は、「月9」のフォーマットを踏み外してはいない。相手のふれてほしくないところにふれてしまったときに発せられる、「ボク、いま、地雷踏みました?」といったつい日常で使いたくなる気がきいたセリフもまさに「月9」そのものだ。

## 「好き」と言わないラブストーリー

### 「等身大」であること

しかし、同時に『ロンバケ』は一風変わった「月9」でもある。

それを端的に示すのが、全十一回を通じて互いに面と向かって「好き」と告白するようなシーンが一度もないことだ（同書）。普通のラブストーリーなら、ここでどちらかが「好き」と言いそうな場面でもそうはならない。

それは、『ロンバケ』が恋愛だけでなく、二人の生き方を描いたドラマでもあるからだ。ドラマのなかの葉山南と瀬名秀俊は、それぞれ人生の壁にぶつかっている。

葉山南は三十一歳。かつては売れっ子のモデルだったが、年齢とともに仕事が減ってしまい、新聞のチラシモデルぐらいしかできなくなっている。結局、所属プロダクションもクビになり、知り合ったカメラマンのアシスタントとして再出発を図ろうとしている。

一方、瀬名秀俊は二十四歳。芸大卒だが大学院受験に失敗してしまい、前述のとおり音楽教室講師のアルバイトでかろうじて生計を立てている。大事なコンクールではいまひとつ実力を発揮することができず、自分の才能に疑問さえ抱くようになっている。

脚本の北川悦吏子は、最初構想したとき、この設定はラブストーリーの企画としては、波瀾万丈の展開があるわけでもなく「とても弱い」と考えていた。しかし、「人生最悪の時に出会ったふたりが最終回では最良の日を迎えています、という話」に北川はこだわった（北川悦吏子『NOW and THEN 北川悦吏子――北川悦吏子自身による全作品解説＋54の質問』）。

見方を変えると、『ロンバケ』は、恋愛も含めて「生きるとはどういうことか」を問いかけてくるようなドラマだったのである。「生きる」とは他人と関わることであり、他人を理解しようとすることである。そして恋愛もまた、そうした生きる営みの延長線上にある。そのことをこの作品は、ひょんなきっかけから始まる見知らぬ男女の共同生活という卓抜な設定を通して描ききったと言えるだろう。

二〇一五年十一月十六日放送の『SMAP×SMAP』で、ターニングポイントになった作品を尋ねられた木村拓哉は『ロンバケ』と答えている。のちに自らのラジオ番組で、その理由を彼はそれまでの出演作品にはない「等身大のストーリー」だったことだと語った。「なにかとこう激闘するとか、同じ年代の同じ野郎どうしがなにか悩みを抱えてもがき苦しむみたいな話」ではなく、「年上の女性と、後輩の女性からも、同年代の男性からもって、なんかこうすごく等身大というか、なんかこう変に肩を張らないでいいストーリー」だったと振り返る（『木村拓哉のWhat's UP SMAP!』二〇一五年十一月二十七日放送）。

『ロンバケ』の登場人物が抱える悩みは、こういう言い方が許されるならば、自分の将来に対するどこかぼんやりとした悩みだ。だが、だからと言って軽いものではない。むしろつかみどころがないからこそ、簡単には出口が見えないようなものだ。そうした悩みこそが、私たちの誰もが人生のどこかでぶつかる悩み、そしてそのため「ロングバケーション」、つまり人生の長い休暇もときには必要になるような悩みであるにちがいない。

そしてこの作品は、木村拓哉にとって演技の面でも「等身大」である極意を会得させてくれるものだった。その場合にも、第2章でもふれた彼ならではの「現場」へのこだわりがうかがえる。

現場で感じた「楽しさ」を、彼はこう語る。「もちろん台本に描かれている自分が演じるキャラクターのことは色々考えてはいるんだけど、その現場で一緒に作業をする共演者の方たちと、何かその場で感じたことをそのまま表現するっていう最も難しいのかもしれないけど純粋なその作業が、やっててものすごい刺激的だったし、すごい新鮮に感じることができたんですよ。（略）その役が身にまとう衣装を着て、で、生活スペースにバーンと自分を放り込んでみて。で、そこにこんな格好をした同居人の女性がいてっていう何かその、何だろう、凄くストレートなフィーリングでやらせていただいたっていうのが（略）。うん、何かやってて非常に刺激的なんだけど、すごい変な話、楽だったたっていう。（略）「楽しめる」の「楽」が非常に大きいドラマだったなあっていう風には思うかなあ」（同番組）

決まったセリフは当然あるにせよ、現場で共演者と向き合ったときに生まれる半ば即興的な「等身大」の演技、そこに醸し出される日常的なリアリティのある空気感が、このドラマのもう一つの〝主役〟であったことを再認識させてくれる言葉である。

例えば、最終回、コンクールで優勝した瀬名が南に向かって「一緒にボストンに行こう」と言ってキスをするクライマックスのシーンがある。実は北川悦吏子によれば、脚本にはキスをするという指示はなく、瀬名が南を抱きしめて「結婚しよう」とプロポーズをすることになっていた(『ノンストップ!』二〇一五年十月八日放送)。だが木村拓哉は、「その場で感じたことをそのまま表現」したのである。

## 困惑顔の魅力

もう一つ、木村拓哉がこのドラマ全編で見せる最も魅力的な演技として、瀬名の困惑顔がある。

「僕、受け身の人間なんですよ」と自ら語る瀬名は、自分の意見を積極的に主張したり、感情をストレートにぶつけることはほとんどない。だがその分、他人の気持ちをおもんぱかることには長けている。だから相手に何か言われても言い返すわけでもなく、ちょっと困ったような、はにかんだような笑顔になる。そんな困惑顔が、このドラマの随所に登場する。それは一言で言えば、瀬名が限りなく優しい人間であることの表れだ。

そんな瀬名は、りょう扮する氷室ルミ子に「瀬名さん、誰にもいい人だけど、みんなちょっとずつ傷つけてるんですよね」と言われてしまうこともある。しかしそれは、ある意味で瀬名が人と人とのつながりから逃げないでいるということ、他人と真摯に向き合おうとしているということでもあるだろう。

松たか子扮する後輩の奥沢涼子に振られたあともその相談相手になり、広末涼子扮する自分の殻に閉じこもった音楽教室の生徒を案じ、ときにぶつかり合いながらも山口智子の人生の不安に寄り添い続ける瀬名は、自分も人生の悩みのなかにあるからこそ、相手の表情や言葉のニュアンスを敏感に察し、まずはそのまま相手の存在を受け入れようとする。それを象徴するのが、瀬名の困惑したような笑顔なのである。

おそらく、木村拓哉という俳優の大きな魅力の一つは、そうした受けの演技にあるだろう。いつの頃からかついてしまったかっこいいモテ男「キムタク」のイメージは、彼のそうした演技の魅力を見えにくくしてしまっているきらいもある。彼自身ターニングポイントになったと語る『ロンバケ』は、そんな木村拓哉の俳優としての本質を再確認するうえでも繰り返し見られるべき作品だ。

実際、木村拓哉の他の出演ドラマでも、男女の関係は意外なほど対等である。

例えば、一九九七年放送の『ラブジェネレーション』で木村が演じる片桐哲平は、瀬名秀俊とは対照的ないかにもいまふうの広告代理店のサラリーマンだが、松たか子扮する年下のOL・上杉理子に振り回されがちだ。初回、理子が職場で哲平のロン毛の髪をいきなりハサミで切ってしまう有名な場面にも、そうした関係性が出ていると言えるだろう。

また『ロンバケ』と同じ北川悦吏子の脚本による『Beautiful Life――ふたりでいた日々』もそうだ。

木村拓哉演じる美容師の沖島柊二と常盤貴子演じる図書館司書の町田杏子の出会いは、ちょっとしたいさかいから始まる。そしてその後も事あるごとに二人は反発し合い、言い争ってしまう。

だがそれは、柊二が車椅子で生活する杏子をまったく特別扱いしていないことの証しでもある。その印象を杏子は渡部篤郎扮する兄に吐露する。「普通さ、車椅子乗ってるとさ、エッていう目で見られたり、妙に優しくされたりするじゃん。その人、そういうとこ全然ないんだよね、対等っていうか」「こころのなかになーんもバリアないっていう感じ？こころのバリアフリー」

この「こころのバリアフリー」という表現は、きっと『ロンバケ』の瀬名秀俊にも当てはまるだろう。どんな相手にも壁をつくらず、その存在を自然に受け入れることができるタイプの人物像を木村拓哉は演じ続けてきたのである。

## 〝ポストバブルドラマ〟としての『ロンバケ』

『ロンバケ』をきっかけとして木村拓哉がそうした存在になりえた背景には、当時の日本社会が置かれていた時代状況もあるだろう。

例えば、冒頭でもふれた『逃げ恥』には、いまの日本社会で多くの人々が感じ始めている結婚制度と現実の生き方のずれが絶妙なタッチで描かれていた。恋愛のことも含めて個人としてのライフスタイルを優先しようとする人々にとっての、従来の結婚の形式を当然としてしまっている社会への違和感が、みくりと平匡の「契約結婚」という選択に象徴されていた。

それに対し、『ロンバケ』は、最後が瀬名と南の結婚をハッピーエンドとして描いていたように、結婚制度への疑問などはまだ見られない。

そこには、「月9」的トレンディドラマが始まったのがバブル景気のさなかだったということもあるだろう。大きくとらえれば、戦後の高度経済成長の延長のようなところが気分的にあり、結婚した夫婦を中心とする家族観も揺らいではいなかった。

しかしいま思うと、もう一方でバブル景気の社会を取り巻く空気には、生きる目標が見えにくくなる一九九〇年代以降の前触れのようなところがあった。実は「月9」は、そんな時代の空気を敏感に先取りしたとも言えるだろう。

実際、平成になってバブルが崩壊し、「失われた十年」とも呼ばれるようになった長い景気低迷期に入ると同時に、世の中のさまざまな面で綻びが見えてきた。なかでも一九九五年は、阪神・淡路大震災や地下鉄サリン事件などがあり、先行きの不透明さが誰の目にも明らかになった年だった。

その意味で、一九九六年四月に始まった『ロンバケ』が、二人の主人公による人生の真剣な模索を描いたことによって社会現象になったことは偶然ではないだろう。この作品は〝ポストバブルドラマ〟であり、バブル後の状況のなかでまさに日本人が自らの生き方を根本から考え直す必要に迫られたタイミングで私たちの目の前に現れ、そして支持された。

生き方の制約にもなるが守ってもくれていた集団や組織が当てにならなくなった不透明な時代、したがってもう一度一人ひとりが自分の生きる場を一から再建するしかない時代、そうした時代のなかにあって、恋愛もまた例外ではない。むしろ恋愛のあり方こそが、バブル期との対比でいちばんに変化を迫られるものだったのかもしれない。

三十一歳の葉山南は、年齢的に見ていわばバブルの申し子だ。一九六〇年代半ばの高度経済成長期に生まれ、彼女がモデルとして売れっ子だった二十代前半の時期がちょうどバブルのまっただなかであった。いつも遊び気分で浮かれているような終始ハイテンションな山口の演技は、バブルの高揚の名残と見ることもできるはずだ。

それと同時に葉山南の世代は、女性の社会進出の第一世代でもあった。いわゆる男女雇用機会均等法が施行されたのが一九八六年。つまり女性たちがそれぞれ職業に就き、自分の人生を生きることが当たり前になり始めたのである。しかし、実際には女性が自立して生きるにはまだまだ多くの困難な現実があった。南が年齢を理由に年下の後輩モデルに仕事を奪われていき、結局事務所を辞める姿は、その縮図でもある。

一方、二十四歳になる瀬名秀俊は、一九七〇年代前半の生まれである。これは七二年生まれの木村拓哉自身にも重なっている。この世代は「団塊ジュニア」とも呼ばれ、高度経済成長によってすでに日本人がある程度豊かになっていた時代に生まれ育った。バブル景気の頃は高校生や大学生であり、その時代の中心ではなかったかもしれないが、雰囲気は十分知っている。

しかし、彼らがいざ就職する年代になったときには、バブルは崩壊していた。それまで当たり前だと思っていた終身雇用制度なども当てにできなくなり、大学を出てもフリーターや契約社員で働く若者が増えた。単純に比較することはできないが、瀬名が大学院受験に失敗し、不安定な音楽教室のアルバイト講師で暮らしを立てているのは、ある意味時代の反映とも受け取れる。

つまり、『ロンバケ』には、葉山南と瀬名秀俊という二人の人間の出会いを通じて、異なる世代と世代、異なる時代と時代が理解し合おうとするドラマという一面があった。高度経済成長からバブル景気とその崩壊を経て、生きる不安が増していく時代、昭和から平成へと移り変わる時代にあって、世代の異なる男女が理解を深め合うドラマだ。そのなかで瀬名秀俊、そしてその「等身大」の分身である木村拓哉自身は、世代と世代、時代と時代のあいだを取り持つ要のポジションを引き受けたのである。

## 「僕のピアノを弾いてみたい」

「このドラマの裏テーマは「音楽を愛する人たちのお話」でした」と脚本の北川悦吏子は『ロンバケ』について書いている（前掲『NOW and THEN 北川悦吏子』）。

確かにこのドラマで瀬名秀俊と葉山南の関係を深めるのは、言葉ではなく音楽だ。瀬名が自分の才能に限界を感じてピアノを手放そうとしたとき、隠れて練習した南は瀬名がいつも弾いていた曲をそのピアノで弾いてみせ、瀬名を思いとどまらせる。

そして改めてピアノに向かい合った瀬名は、大事なコンクールに臨む。そのとき彼は、恩師である教授にこう語る。「あのホールで、僕のピアノっていうのを弾いてみたくて。そのときに壁が取っ払えるんじゃないかと信じているんですけど」

「僕のピアノ」、それは「誰かのために弾くピアノ」である。南が瀬名をピアノに引き留めるために言葉ではなく音楽によってそうしたように。だからコンクールで瀬名は、二人の「長い休暇」に決着をつけようと南のためにピアノを弾くことを決意する。

木村拓哉は、普通なら吹き替えですませるような演奏場面を自ら演じてみせたという。もちろん、南が練習して覚え、瀬名が大事なシーンで繰り返し弾く『Close to you――セナのピアノII』もその一曲だ。

彼のその姿勢は現在も一貫している。二〇一七年に外科医役を演じた『A LIFE――愛しき人』で共演した浅野忠信も、自分がキャラクターの心情に注目して役作りをするのに対して木村拓哉は、「医者としてベースにあるテクニックの部分から役を組み立てていく」「たとえば、今回のように外科医役だったら、手術シーンを完璧にやるんですよね」と驚嘆していた(「クランクイン!!」二〇一七年一月二十二日付記事)。それはやはり、技芸を磨くところから入るという点で「武士」的である。

ただ、『ロンバケ』で演じたピアニストに特別なところがあるとすれば、演奏することが自分の技芸を追求する孤独な営みであるだけではないということだ。それは同時に、それ自体が言葉だけでは表現しつくせない思いを大切な誰かに伝えるコミュニケーションでもある。

その意味で『ロンバケ』は、やはり特別なドラマだ。そのピアノ演奏が物語るように、ゲームとしての恋愛ではなく真の意味でのコミュニケーションとしての恋愛を描いたドラマであり、そのなかで木村拓哉が他の誰のものでもない「僕の演技」を発見した記念すべきドラマだからである。

第5章

# 木村拓哉と「らいおんハート」

## 「いままでどおりの自分」

「二十一世紀にかわりますけど、大きな世紀の跨ぎになるんですが、一つひとつ目の前にあるものを着々と頑張っていきたいと思います」

これは、二〇〇〇年の大晦日『NHK紅白歌合戦』（以下、『紅白』と略記）で木村拓哉が歌う直前に語った言葉である。そしてこのときSMAPが歌ったのが、「らいおんハート」（二〇〇〇年）だった。

「らいおんハート」は、SMAPの楽曲のなかでも広く知られた一曲だろう。「夜空ノムコウ」（一九九八年）に続いてSMAP二作目のミリオンセラーになったことが、その何よりの証しだ（オリコン調べ）。草彅剛主演のドラマ『フードファイト』（日本テレビ系）の主題歌として二〇〇〇年八月に発売、脚本家の野島伸司が作詞を担当したことでも話題になった。

曲は、アコースティックギターがフィーチャーされたバラード。「君を守るため そのために生まれてきたんだ」というサビのフレーズが印象に残る、ストレートなラブソングだ。いまふれた『紅白』のステージでも、淡いブラウンのシックな衣装を身にまとった五人は、静かにそして力強く歌い上げていた。

そしてこの曲は、ＳＭＡＰのシングル曲という以上の注目を浴びることにもなった。同じ二〇〇〇年の十一月に木村拓哉が結婚を発表したからである。

「らいおんハート」の歌詞には、「いつかもし子供が生まれたら 世界で二番目にスキだと話そう」という箇所がある。恋愛だけにとどまらず、結婚して親になることを連想させる一節である。このフレーズ自体は、どんなことがあっても愛する気持ちはずっと変わらないという相手への思いを表現するための修辞的な言い回しにすぎない。しかし、そこに結婚発表のタイミングが重なったため、「らいおんハート」という楽曲の主人公が木村拓哉本人であるかのように見られることになったのだ。

そもそもの発端は、二〇〇〇年十一月二十三日のスポーツ紙が木村拓哉の結婚をスクープしたことだった。それを追ったテレビなども一斉に報道を始めて騒ぎが広がるなか、ＳＭＡＰのツアー中だった彼は、その日のさいたまスーパーアリーナでのコンサート後に報道陣との単独会見を開いた。そしてその場で結婚すること、相手が現在妊娠中であることを認めた。

さらにその翌々日の東京ドーム公演で、木村拓哉はファンの前で直接結婚の報告をした。コンサート前に一人でステージに登場した彼は、まず報道が先になってしまったことを詫びた。そして「オレ、今度結婚します」と告げたうえで、「いままでどおり一生懸命頑張って、いままでどおりの自分でいようと思います」と決意を述べた。

「いままでどおり一生懸命頑張って」という表現は、その約一カ月後の『紅白』での「一つひとつ目の前にあるものを着々と頑張っていきたい」というコメントにつながる。結婚しても、ＳＭＡＰとしての、そして木村拓哉としての活動はこれまでと変わらないという意思表明である。繰り返された「いままでどおり」という言葉が、その決意の強さを物語る。

## アイドルと結婚

一方で、「いままでどおり」であることが強調されたところに、アイドルの結婚が一筋縄ではいかない問題であることが無意識ににじみ出ているようにも思える。

アイドルを好きになる気持ちには、多かれ少なかれ恋愛感情が含まれている。現実に恋愛関係になることはありえないとわかっていても、そういう感情が想像を刺激し、アイドルを応援する原動力になる。

こうした疑似恋愛的な関係性は、とりわけテレビとアイドルが密接なものになった一九七〇年代から八〇年代により顕著になったように思う。テレビを通して見るアイドルは、思春期の少年少女の恋愛への憧れの受け皿になった。

逆に言えば、その頃までのアイドルは、ファンが思春期を過ぎる年齢になれば気持ちが離れていくものだった。したがって当然、結婚が問題になるようなこともなかった。アイドル自身も、同じくそんな年齢になった時点で「アイドル」から脱皮するのが通例だった。ただ、なかには、アイドルをずっと続けるというケースも登場していた。一九八〇年代を象徴する女性アイドル・松田聖子がたどった道のりは、まさにそうである。結婚し、出産してもアイドルであり続ける彼女のことを表現するために「ママドル」という造語まで生まれた。

そこには、「赤いスイートピー」（一九八二年）などのヒット曲がそうだったように、女性からの支持の増大があった。同性ファンという新たな支持基盤を獲得することによって、疑似恋愛の対象とは異なるアイドル像を松田聖子は作り上げることができたのである。

男性アイドルの場合、疑似恋愛の対象からの脱却は、少し遅れた。端的に言えば、女性アイドルと比べて同性ファンの獲得が当時はまだ難しかったからである。

とりわけジャニーズの場合、草創期から「王子様」的なアイドルとしての根強い伝統があったために、どうしても疑似恋愛の側面が前面に出ることになった。実際、一九七〇年代の郷ひろみ、八〇年代前半のたのきんトリオ、そして八〇年代後半の光ＧＥＮＪＩと、個性の違いはありながらも基本的にそうしたタイプのアイドルが続いていた。

そこに登場したのがＳＭＡＰだった。彼らは、「王子様」ではなく「フツーの男の子」

として人気を博した。「フッー」であるからには「王子様」のように完璧ではなく、ときには失敗もするが、その分努力によって成長もする。そんな存在として、彼らは新鮮な魅力を思春期にとどまらない広い世代の人々に感じさせたのである。

ファンの側もそれに応じて変化した。疑似恋愛の対象ということに加えて、「成長を見守る」、さらには「ともに成長する」という成熟したファン感覚が生まれた。SMAPによってアイドルはファンにとっての〝人生の同伴者〟になったのである。前述した木村拓哉の「いままでどおり」という表現は、自分の決意表明と同時にファンに対する同伴者的な信頼関係の確認でもあったのだろう。そして彼の結婚後の変わらない活躍ぶりは、その信頼関係を裏付けるものだった。

この木村拓哉の結婚をきっかけに、ジャニーズでアイドルと結婚を両立する土壌ができたということが言えるだろう。二〇〇七年にはV6の井ノ原快彦が女優の瀬戸朝香と結婚したが、彼もアイドルとしての活動を続けた。その後もTOKIOの山口達也や国分太一、V6の長野博の結婚があったが、結婚を機に活動スタイルが変わるということはなくなった。

ただ、結婚生活や子どものことを自ら話題にするかという点では、必ずしもみな同じではない。井ノ原快彦などは、結婚する際に二人そろっての記者会見をおこない、その後も子どもの話題を自ら語ったりもしている。一方、木村拓哉が家庭でのことを話すことはまったくないわけではないが、いまのところほとんどない。

このあたり、メインとする活動ジャンルの違いもあるだろう。例えば、井ノ原のように個人としてバラエティや生活情報番組中心の活動をしていれば、私生活のエピソードなどを話す機会も当然出てくる。それに対し、木村拓哉は、俳優業を中心に個人活動をしてきた。演じる役柄と私生活の自分は切り離しておくことができる。その意味で、結婚生活や子どもとの関係についてほとんど語らないことは自然の流れでもある。

とはいえ木村拓哉は、作品というフィクションの世界のなかで夫として父として、あるいは子としてのさまざまな姿を私たちに見せてきた。では、俳優・木村拓哉は、どのような夫婦関係や親子関係を生きてきたのだろうか。

## 血をめぐる悲劇

親子関係がカギになる作品として、例えば二〇〇七年放送の『華麗なる一族』がある。山崎豊子の同名小説が原作で、映画、ドラマ含めてこのときが三度目の映像化だった。舞台は激動する高度経済成長期の日本。そのなかで関西の財閥一家に起こる愛憎劇が描かれる。その軸になるのが、木村拓哉扮する万俵鉄平と北大路欣也扮するその父・万俵大介の親子関係だ。

鉄平と大介は、万俵財閥のなかでそれぞれ鉄鋼業と銀行の経営に携わっている。本来は共存共栄の関係のはずだ。ところが銀行頭取の大介は、金融界再編の荒波のなか生き残るために、あろうことか鉄平の鉄鋼会社を陥れようとする。当然、親子の対立は深まっていく。

実は、そこにはもう一つ血縁関係をめぐる深い溝が絡んでいる。大介は、鉄平が自分よりも自分の父、つまり鉄平の祖父に生き写しであることに大きな疑念を抱いていた。そのため鉄平に対して、幼い頃から冷たい態度をとってしまっている。

その疑念は、鉄平が祖父に似た経営手法をとるようになってますます深まっていく。鉄平が自分の会社の命運を賭けて計画した高炉建設への融資をめぐって対立は決定的なものになり、結局大介によって鉄平は会社を追われてしまう。そして、自分は大介の子ではなかったと絶望して自ら命を絶つのである。だが実は、鉄平は大介の子にほかならなかったことが、鉄平の死後判明する。

それは、血への固執が生んだ悲劇である。鉄平も大介も、家族とは血のつながりであると強く信じている。ただし、鉄平がそこに愛情の根拠を求めるのに対し、大介はそこに経営を持ち込む。自分の子どもたちを政略結婚させ、閨閥づくりにいそしむ。そのことが家族を守ることだと大介は考えるからである。タイトルにある「一族」は、そうした血縁を中心にした家族観を表現した言葉でもあるだろう。

『華麗なる一族』では人と人とがいつも見つめ合っている。政治家と企業家、官僚と企業家、ライバル企業の幹部たち、元恋人同士、そして父と子。ことあるごとに人々は、さまざまな思惑や感情を秘めながら対面する。父子が直接対峙する裁判の法廷場面は、そのハイライトともいうべきものだ。

そうしたなか木村拓哉は、魅力的な〝目の演技〟を見せてくれる。自分が開発した新技術をもとに鉄鋼会社の世界的発展を夢見る理想主義者のまなざし、父から受ける冷酷な仕打ちに耐える悲しみをたたえたまなざし、父と対決することを決意した覚悟のまなざし。どれもがセリフ以上に雄弁に物語っている。

それらはおそらく計算されたものではなく、前章で『ロングバケーション』について書いたように、共演者を目の前にしたその場の空気感に反応してのものにちがいない。そこには、俳優・木村拓哉の反射神経の鋭さが存分に発揮されている。

そして最も印象的なまなざしが見られるのは、自分が本当に大介の子なのかを直接確かめようとする場面である。鉄平は、小さい頃から自分は愛されていないのではないかと悩んでいたことを告白し、「僕の記憶のなかにあなたの笑顔はありません」と涙を浮かべて訴える。そして「教えてください、僕の本当の父親は誰ですか?」と問いただす。そして母親の態度から自分が祖父の子どもであると確信した鉄平は、自分を陥れた大介と裁判で徹底的に戦うことを宣言する。ここで木村拓哉のまなざしは、悲しみのまなざしから闘いのまなざしへと劇的に変化する。その転換はとても鮮やかだ。

## どのようにして人は〝真の家族〟になるのか

『華麗なる一族』に対し、木村拓哉が子ではなく親の立場から、親子関係、そして夫婦関係の難しさを演じたのが、テレビ朝日の連続ドラマ初主演ということでも話題になった二〇一五年放送の『アイムホーム』である。

『華麗なる一族』の鉄平が涙とともに訴えたように、家族を家族であらしめる大きな要素は記憶である。夫婦や親子は、多くの記憶によってつながっている。そのなかには楽しかった思い出だけでなく、つらい思い出や悲しい思い出もあるだろう。だがそうしたすべての記憶があって、はじめて家族というものは成り立っている。『アイムホーム』は、記憶喪失という設定によってそのことを浮き彫りにした作品だ。

木村拓哉扮する家路久は、証券会社に勤務するサラリーマン。上戸彩扮する再婚した妻の恵とまだ小さな一人息子の良雄がいる。ところがある日、久は工場での爆発事故に巻き込まれて一命はとりとめたものの、五年ほど前までの記憶があいまいになってしまう。そしてそのためか、妻と息子の顔も無表情な仮面に見えるようになる。

『華麗なる一族』では、相手とのあいだに交わすまなざしが、コミュニケーションの物言わぬ大きな力になっていた。その大切な基盤である共通の記憶がないこと、だからまなざしによるコミュニケーションが不可能になってしまっていること、そんな危機的状況を象徴するのが久の目に映る不気味な仮面の顔なのだろう。

久は失われた記憶を取り戻すために、手元に残された十本の鍵を手掛かりに自分の過去の足跡をたどり直す。そこに久が働く証券会社でおこなわれていた不正も絡み、物語は大きく展開する。

やがて、過去の久は、まるで『華麗なる一族』の万俵大介のような態度をとっていたことが明らかになる。恵が生んだ息子が自分の子かどうか疑い、DNA検査までひそかにしていたのである。そのことにショックを受けた恵とのあいだには、深い亀裂が生まれていた。それだけでなく、記憶を失う前の久は仕事一辺倒で家庭のことなど一切顧みず、他人を信用しない冷淡な人間だったことが次々とわかってくる。

しかし、こうして一つひとつ記憶をたぐり寄せていくなかで久は変わっていく。

例えば、一家三人別荘で過ごした際のこと。良雄がケガをしてしまう。息子を両手に抱えて診療所まで山道を必死に走る久。そのとき、普段は息子に対して冷たかった自分が一年前同じ別荘に来て息子が発熱した際、まったく同じように息子を抱えて走ったことを思い出す。

また、久が小学生の頃、家族を置き去りにして失踪していた父（演じるのは、『華麗なる一族』でも父親役だった北大路欣也だ）が突然彼の前に姿を現したときのこと。久は、当然父親を激しく責める。だが脳梗塞の影響でときどき記憶が混濁する父が、自転車にぶつかりそうになった久をまだ幼い頃の久と一瞬勘違いして「危ないじゃないか、手を離すんじゃない！」と叱る。その瞬間、かつて父が失踪する前に同じことがあったこと、父に愛されていたことを久はありありと思い出す。

この作品での木村拓哉は「カッコ悪い」。自信なさそうで、どこか弱々しく見える。ときには街で男たちに絡まれ、「おっさん」呼ばわりもされる。記憶を失う前の颯爽としたできる男からのあまりの変貌ぶりに、上司からは「君は変わったなあ、善人に。それもとびっきり間の抜けた善人だ」と半ばあきれ顔で言われるほどだ。

だが、自分の駄目さを認めるようになった久は、決してただ弱いのではない。

第3章でも書いたように、木村拓哉は「武士」のような人だ。それは、精神性が高いというだけでなく、「弱さを受け入れられる」覚悟を持った人だからだ。

その姿は家路久にもオーバーラップする。彼は、いったん記憶を失うことによって自分のなかの弱さを見つめ直すことになった。矛盾した言い方になるが、だからこそ真の意味での「強い父親」になった。

　言い方を換えれば、それは『ロングバケーション』の瀬名秀俊のように他人をそのまま受け入れる「優しさ」を身につけることでもある。

　最終回、久は及川光博扮する主治医から一つ肝心なことを思い出していないと言われる。事故に遭った直後の久は、医師からも回復は難しいと思われていた。だが恵だけが諦めず、ただ一人でいつもそばに付き添い、リハビリを手助けしていたのだ。

　そんなとき、自宅が火事になる。取り残された恵を助け出そうとした久だが、目覚めたときには病院で治療を受けていた。恵のことが心配な久は、すぐに安否を問いただす。そして同じ病院に入院していることを知った久は、周囲が止めるのも聞かず自由が利かない体で恵の元へと向かおうとする。「これからは、なにがあっても彼女のそばにいたいんです」と叫びながら。そのセリフは、「らいおんハート」の一節「あきれるほどに そうさ そばにいてあげる」と響き合う。

　こうして記憶を取り戻し、家族とともにいることの意味を実感したとき、妻や息子の顔から仮面は外れる。久はようやくこころの底から「ただいま（アイムホーム）」と言えるようになった。つまり「ホーム」へと帰還したのである。

## もう一つの「ホーム」をめぐる物語

木村拓哉が主演したドラマには、もう一つ「ホーム」をめぐる作品がある。二〇〇五年に放送された『エンジン』である。

脚本は、木村拓哉が旅客機のパイロットに扮して高視聴率を挙げた『GOOD LUCK!!』と同じ井上由美子。この『エンジン』では、彼はプロのカーレーサーに扮している。「月9」でもあり、役柄だけを見れば木村拓哉が憧れの職業を演じる一連のドラマの一つと言える。

だがこのドラマには別の側面もある。第3章でふれた木村拓哉の初時代劇『織田信長 天下を取ったバカ』の脚本も井上由美子だった。そこでは、親子関係が物語の重要な軸だった。そしてこの『エンジン』も、それが大きなテーマになっている。

原田芳雄演じる神崎猛は、木村拓哉扮する神崎次郎の父親であるとともに、「風の丘ホーム」という児童養護施設の長でもある。そこには幼児から高校生までの子どもたち十人あまりが暮らしている。親を早くに亡くしてしまった、親が借金で失踪してしまった、親が殺人事件を起こしてしまった、親の経済的事情で一緒に暮らせないなど、さまざまな事情や悩みを抱えた子どもたちだ。

実は、次郎もまた同じ境遇にあった。彼は猛の実の子どもではない。幼い頃に両親を亡くした次郎を猛が養子にしたのだ。そしてヨーロッパのレーシングチームをクビになって帰国した次郎は、ホームでさえない中古の送迎バスの運転手をしながらレースへの復帰を目指すことになる。

次郎はいわば、「大人」と「子ども」の中間にいるような存在だ。

父親の猛から見れば子どもであり、またホームの子どもたちからもまるで同級生か友達のように気安く扱われる。しかしもう一方で、次郎は悩んでいる子どもたちをさりげなく助け、自分の力で一歩を踏み出すように導くちょっと大人な存在である。他人に無関心なようでいて、実際はよく相手の表情やしぐさを観察している。そしていざというときにさりげない助言を相手に投げかける。このあたり、ぶっきらぼうそうに見えて実は相手のことを尊重し、思いやっているという木村拓哉ならではの「優しさ」の演技が際立つ。

そうしたなか、ホームにいる子どもの親の過去や子どもの暴力行為による警察沙汰などで周辺の住民から抗議の声が激しくなり、事態はホームの存続の危機にまで及んでいく。そして子どもたちが平穏に暮らしていけなくなることを恐れた猛は、ついに閉園を決意する。

だが、次郎はそんな〝大人の常識〟に強く反発する。猛の子どもへの配慮は、子どもを本当の意味で守ることとは似て非なるものと考えるからだ。そこで次郎は、閉園の回避に必要なお金を稼ぐため、もう一度レースに出る決意をする。猛も次郎の覚悟にこころを動かされ、もう一度施設の再開に向けて動きだす。

そこには、次郎自身の気持ちの変化もあった。プロドライバーになったのは、自分のためでしかなかった。そこで勝つ充実感を得るためには、命を落としてもかまわないとまで考えていた。だがいまは違う。誰かのために走る喜びを知ったから走るのだ。

そのことを象徴するのが、次郎がホームでの仕事として運転する送迎バスである。子どもたちを学校や保育園に送るために走る日常が、次郎に誰かとともに生きることを教えたのである。次郎は言う、「誰かを後ろにのっけて走るのも悪くねえしな」。

つまり、『エンジン』は、親と子が失った自分たちの「ホーム」をもう一度取り戻そうとするドラマだ。そこでは血のつながりのあるなしは関係ない。「家族」とは、ともに暮らし、助け合いながらそれぞれの人生を生き抜こうとする人々のことにほかならない。そこにはささやかかもしれないが、確かな希望がある。それは、『華麗なる一族』の血へのこだわりがもたらした悲劇、そして絶望と鮮やかなコントラストをなしている。

## 「子ども」という存在

木村拓哉は、こんなふうに語ったことがある。「生活に子どもという存在があるからかもしれないけど、いい表情って、イコールその人の子どもの部分なんじゃないかと思う。二十歳を超そうが、五十歳になろうが」（前掲『開放区2』）。たとえ成人の年齢に達していたとしても、「いい表情」とはその人の「子ども」の部分である。そしてそのことを発見できたのは、自分の子どもたちが見せてくれる「いい表情」に日々接しているからだ。そう彼は言いたげだ。

現実の自分の子どもの存在、そして「子ども」の部分を持ち続けること、その両方が彼にとって大切であることがよくわかる言葉である。家庭で子どもに接する父親としての彼の姿がなんとなく想像されると同時に、いくつになっても「大人」という枠にとらわれたくないという彼自身の思いが伝わってくる。『エンジン』の木村拓哉扮する神崎次郎もまた、社会の常識どおりに大人になろうとせず自ら「子ども」の立場を選び取る、そんな人物だった。

木村拓哉はどの作品でもどんな役柄をやっても同じだ、と批判する声がある。だがその見方は、本質的には間違っていると思う。

まず、ここまでにも何度かふれてきたように、木村拓哉の演技自体が、そう批判する人たちが考えるよりもはるかに繊細だということがある。役柄に応じて、あるいは作品のなかの関係性で、彼が演じ方を変えていることは明らかだ。

しかし、「変わらない」という印象にもそれなりの理由があるだろう。それは、そうした変わらなさが、一九九〇年代以降の日本社会で求められてきた人物像そのものだったからであるように私には思える。

私たちは、先行きの不透明さが増し、既成の価値観が信じられなくなっていく社会のなかで、ただ個としてありたいという願いを強めてきた。そのような状況のもと木村拓哉という人は、作品においてであれ現実においてであれ、「自分」であろうとし、また実際そうしていられる希有な人に見える。そこに、一九九〇年代以降の時代を生きる多くの人たちが羨望も交じった共感を抱いてきたのではないだろうか。

そして二〇〇〇年代。木村拓哉は結婚し、父親になった。外からうかがい知ることはできないが、そこにはおそらく彼のなかの心境の変化があっただろう。だが結婚報告での言葉どおり、彼自身「いままでどおり」でもあったにちがいない。その変わる部分と変わらない部分、二つが交わったところにあるもの、それが「子ども」という木村拓哉にとってのかけがえのない存在なのである。ここは本書全体のポイントにもなるところなので、最後の第10章でも改めてふれることにしたい。

第6章

# 木村拓哉と『HERO』

# 「やりぃ」

管楽器の音色が印象的なメインテーマが鳴り響くなか、真っ直ぐな並木道を歩いてくる木村拓哉。そして横一列に並んで待ち構えている八人の同僚たちの中心に彼が収まり九人がこちらを向くと、それぞれの顔をカメラがアップでパンしていく。言わずと知れた『HERO』のオープニングである。

『HERO』の第一回放送は、二〇〇一年一月八日。前章でもふれた木村拓哉の結婚発表後初の連続ドラマ主演だったこともあり、いっそう注目されていた。すでに出演ドラマが軒並み高視聴率を挙げる〝視聴率男〟の名をほしいままにしていた彼だが、それが結婚によってどうなるのか周囲の関心を集めていたのである。「いい男」「好きな男」ナンバーワンのアイドル・木村拓哉が結婚したとなると、ひょっとして人気も危ういのではないかという声もそこには含まれていた。

結果は、そうした不安視する声を吹き飛ばすような成功だった。視聴率は全話で三〇パーセントを超え、平均視聴率は三四・三パーセント、最高視聴率は三六・八パーセント（いずれも関東地区。ビデオリサーチ調べ）を記録、二〇〇七年に公開された映画版も大ヒットした。一四年には木村拓哉主演作としては異例の続篇がつくられ、翌年には二回目の映画化もされるなど息が長い作品になった。俳優・木村拓哉の代表作の一つであることにいまや異論はないだろう。

木村拓哉自身は、視聴率を特別気にしているわけではない。もちろん、いい結果が出ればうれしいと思う。だがそれは、あくまで自分で定めた目標を達成した喜びだ。そこには競争という面もあるが、それでも「いつも〝自分〟が基本」なのだ。そして、自分のなかで「やりぃ」とつぶやく。彼にとってはそれで十分なのである。「ほんと、正直ぶっちゃけた話、テレビの視聴率だなんだっていうのも同じ。自分が出たドラマが「高視聴率出ました」って数字を見せられたときは、自分のなかで「やりぃ」って思う。『an・an』の〝好きな男No.1〟に選ばれましたって聞いたときも、「やりぃ」って。それだけ。誰とくらべるわけでもなんでもない」(前掲『開放区』)

そのスタンスは、『HERO』で彼が演じる検事・久利生公平にも通じるだろう。

第一話にそう思わせるような場面があった。証言からヒントを得た久利生は、ちょっとした仕掛けを考えて下着泥棒の逮捕に成功する。だがその手柄は、初めて犯人を検挙したと喜ぶ実直そうな警官のものになる。そのことを伝え聞いた久利生は、「思ったより早く捕まったな」とどこかそっけない。また、国会議員の収賄事件に絡んで被疑者のアリバイが崩せずにいるとき、久利生は解決のヒントを松たか子扮する検察事務官・雨宮舞子にさりげなく教える。そのおかげで大きく捜査は進展するが、久利生はここでもどこかそっけない。

つまり、久利生公平にとっては、事件の大小に関係なく「正義」が守られればそれでいい。それが、自分で定めた彼の目標なのだ。だから手柄が誰のものかは問題ではない。「正義」が貫かれることだけが大切だ。そしてその目標が達成されたとき、おそらく彼もまた、自分のこころのなかで「やりぃ」とつぶやき、満足しているにちがいない。そんな〝正義のヒーロー〟を木村拓哉が等身大で演じるドラマ、それがその名も『HERO』なのだ。

## 〝職業ドラマ〟が表すもの

『HERO』は、木村拓哉が特別な技能や知識が必要な職業を演じる〝職業ドラマ〟のうちの一つである。

これまでもそのような作品にいくつかふれてきたが、木村拓哉はそうした職業をよく演じてきた。主なところだけでも、『ロングバケーション』のピアニスト、『Beautiful Life——ふたりでいた日々』の美容師、『GOOD LUCK!!』の旅客機のパイロット、『エンジン』のカーレーサー、そして最新作『A LIFE——愛しき人』の外科医など、実に多彩だ。

木村拓哉自身、演じるうえで職業というものをかなり意識していることが、次のような発言からもうかがえる。「『GOOD LUCK!!』というドラマ、俺自身は、一人の人間の成長ストーリーというとらえ方はしてなかった。それよりも、乗客の安全をキープするために、空の上だけじゃなくて、地上でも一生懸命に働いている人たちの話だと解釈して演じてたんだ」（同書）

前にふれた『A LIFE――愛しき人』共演の浅野忠信の言葉にもあったが、こうした点で木村拓哉の役へのアプローチには独特なところがある。つまり、実際にそれぞれの道のプロがどのように日々の仕事をこなしているかを知ることがまず基本にあり、喜怒哀楽はそのうえに出てくるものとしてとらえられている。

そうしたアプローチを効果的なものにしているのは、第2章でも書いた彼の〝録画再生能力〟だろう。「セリフをおぼえるときも、一回頭のなかで、ストーリーの流れを自分なりにビジュアルにしてから台本を読む」という視覚化の能力は、さまざまな職業を演じる際にも有効なものだろう。『エンジン』でこれから走るレースのシミュレーションを繰り返す場面や、『A LIFE――愛しき人』のなかで出てくる手術のシミュレーション場面では、そんな木村拓哉の能力と役柄とがオーバーラップする感覚に襲われる。

ただしここで言いたいのは、彼が見た目の部分だけを模倣してそれで満足しているということではない。大事なのは、そうした技能や知識を再現することで、その職業の魂の部分も表現できると彼が考えているのではないかということだ。

『HERO』もまた、そんな〝職業ドラマ〟の一つにちがいない。

木村拓哉が扮する久利生公平は、異色の検事である。高校を中退したあと、大検（大学入学資格検定）で受験資格を得て司法試験に合格した。有名大学の法学部を卒業した高学歴者ぞろいの法曹界では、その経歴だけですでに異端の存在だ。

久利生がそんな異端的存在であることを端的に象徴するのが、その服装だ。検事の〝制服〟であるスーツではなく、いつもダウンジャケットにTシャツといったラフなスタイル。先ほどもふれた九人が一列に並ぶオープニングシーンは、服装の違いによって久利生公平の型破りさを一目でわからせる巧みな演出でもある。

もちろん、久利生が型破りなのは外見だけではない。

検事にも捜査権は認められている。しかし普通、汚職事件などの特別な場合を除いて、検事が直接その権利を行使することはない。それに対し久利生は、検事でありながら通常は警察に任せるような小さな事件でも現場に足を運び、自分で納得がいくまで捜査する。

実際の検事は、いちいち現場に行く時間もないほどルーティンワークで忙しいという。したがって、久利生の行動はドラマだからできることかもしれない。しかしながら、捜査する権利が検事にとって本来かたちだけのものであっていいわけではないだろう。それは、事件の真実にたどり着き、「正義」が守られるため、検事に与えられた重要な権限であるはずだ。その意味で久利生の型破りさは、単なるパフォーマンスではなく、検事という職業の忘れられがちな本質を思い出させてくれるものと言えるはずだ。

こうして木村拓哉という存在を通して職業の魂が表現されるとき、それが視聴者の人生の選択にまで影響を及ぼすということが起こる。

映画版第二作の公開直前に放送された特別番組『土曜プレミアム HERO THE TV』（二〇一五年七月十八日放送）には、木村拓哉のドラマを見て実際にその職業に就いたという一般の人たちが登場した。

『エンジン』を見てカーレーサーになった人、『プライド』を見てアイスホッケーの選手になった人、『GOOD LUCK!!』を見てパイロットになった人、『Beautiful Life――ふたりでいた日々』を見て美容師になった人、『ロングバケーション』を見てピアニストになった人、そして『HERO』を見て弁護士になった人、と続々とスタジオに登場する彼らの姿を見た木村拓哉は、少し目を潤ませ、「うわぁ」と思わず感極まったようだった。そして感想を求められ、こう言った。「感動したって言葉で言ってくださる方はわりと多いんですけど、みなさんは見て、感じて、本当に動いてくれた方たちが今日この場に集まってくれたので、本当にやってよかったなと思います」

ドラマの主人公に憧れ、まねしたくなることは珍しくない。『HERO』第一期では、木村拓哉が劇中で着ていた茶色のダウンジャケットが爆発的に売れた。だがそうしたファッションにとどまらず、ドラマを見てその職業に就くとなると一段次元が違う話になってくる。木村拓哉がこのとき感極まった表情を見せたのは、自分が演じた役柄が人を動かすことが実際に起こりうるのだということを目の当たりにしたからではないだろうか。

## 二十二分間のメッセージ

『HERO』と同じ福田靖・脚本で二〇〇八年に放送された『CHANGE』は、いわばそれ自体が人を動かす職業である政治家を木村拓哉が演じたドラマとして、数ある彼の〝職業ドラマ〟のなかでも異彩を放っている。

正確には、この作品で木村拓哉が演じる職業は二つある。一つは政治家、もう一つは小学校の教師である。

彼が扮する朝倉啓太は、父親が代議士だった。だが、高校生時代にその父が不正利益供与問題に関わったことで嫌気がさし、政治とは無縁な教職の道に進んだ。

ところが、父親とその後継者と目されていた兄が突然の事故で亡くなってしまう。そのため啓太は衆議院議員補欠選挙の候補者として、あれほど毛嫌いしていた政治の世界に身を投じることになる。しかも当選して間もなく周囲の政治的思惑のなかで与党の総裁選に担ぎ出され、とうとう憲政史上最年少の三十五歳で内閣総理大臣に就任する。

木村拓哉による他の〝職業ドラマ〟と違うのは、政治家がなりたい職業ではなかったことである。人はなりたかった職業に必ずしも就けるわけではない。むしろそうではないことのほうが実際には多いだろう。しかし、やっているうちにその仕事が好きになることもある。この『CHANGE』は、そのような意味で木村拓哉扮する朝倉啓太という一人の平凡な男性が政治家という職業に目覚めていく物語だ。

その目覚めのプロセスは、「子ども」と「大人」のあいだの戦いとして描かれる。政治の素人《しろうと》である啓太は、「僕が小学五年生だと思って説明してください」というセリフを何度か繰り返す。それは、彼自身が政策や制度について無知だということもあるが、それよりも小学校の教師だった彼が「子ども」の純粋な目線を政治家としての判断基準にしているからだ。

だが政治の世界の「大人」の現実的価値観は、啓太にそうした理想の実現をなかなか許さない。そして理想と現実の対立は、補正予算案の修正をめぐって決定的なものになる。利益誘導を目的とした公共工事中心の案に、啓太は小児科医療の医師不足などを解消するための対策費を盛り込むことを強く主張する。小児科医療対策は、「子どもたちに希望ある未来を」という啓太の理想に直結する政策だ。しかし、その案は、彼の後ろ盾だったはずの寺尾聰扮する大物政治家の裏切りによって暗礁に乗り上げてしまい、内閣は絶体絶命の窮地に陥る。そこで啓太は、最後の手段としてテレビカメラを前に生放送で自らの思い、政治の素人だった自分が政治家としての使命感を抱くにいたったプロセスを直接国民に訴えかけることを決意する。

執務椅子に座る木村拓哉がカメラを真正面に見据えたまま動かないこのシーンは、なんと二十二分間に及ぶ。テレビドラマで、これほど長時間一人の俳優がカメラ目線のままでいたことは、おそらく前例がないのではないだろうか。カメラを見ながら穏やかに、だがときには照れたように笑い、ときには感情が高ぶって目に涙を浮かべるこの場面の木村拓哉の演技には、視聴者の目をそらさせない吸引力がある。

ずっと見ていると、これが演技なのか素なのかわからない不思議な気持ちにもなる。もちろんそれが朝倉啓太のセリフであることは間違いないのだが、それでもそこに木村拓哉本人がいて自分の思いを語っているような錯覚に陥りそうになる。

そう感じるのは、例えば彼が、机の引き出しから小学校の社会の教科書を取り出して、この世の中が「国民主権」であることを私たちに思い出させようとするくだりにおいてだ。そのとき〝朝倉啓太＝木村拓哉〟は、何かを変えようとするなら、私たちが自ら動かなければならないことを静かに説く。そして自分は総理大臣を辞めることを告げる一方で、衆議院解散を宣言し、もう一度政治に挑戦する決意を明らかにする。かつて小学校で生徒たちに語っていた「アウトでも全力で走れ」という教えを自ら守ったのである。

ここには、木村拓哉という俳優が持つ影響力の正体が垣間見えるように感じられる。彼は、さまざまな〝職業ドラマ〟を通じて視聴者のこころのなかに「希望ある未来」の種を植え付けてきた。そんな木村拓哉と視聴者のあいだに培われた関係性が、この二十二分間のメッセージに凝縮されているように思える。

## 松たか子というパートナー

一方『CHANGE』は、木村拓哉の〝職業ドラマ〟での恋愛の位置づけがよくわかる作品でもある。

深津絵里扮する美山理香は、首席秘書官として朝倉啓太をサポートする。とはいっても、上司と部下というよりは、同じ理想の政治を志す同志と表現したほうが正確だ。元官僚で政治家秘書経験がある美山は、啓太に政治の基礎を教えてもいる。そうした協力関係のなかで、二人は引かれ合っていく。

そして最終回、首相官邸を二人で並んで見上げながら、啓太が美山にプロポーズするシーン。啓太が「そばにいてください」と言うと、美山は「いるじゃないですか」と秘書官として応える。すると啓太は「ずっとです」と付け加える。その意味を悟り、承諾する美山。だが二人は向かい合って抱擁するわけでもなく、並んで官邸を見上げたままそっと手をつなぐ。

面と向かっての告白ではなく、並んで職場を見つめての告白。そこに木村拓哉の〝職業ドラマ〟での恋愛のかたちが象徴されている。恋愛を育むのは、同僚として過ごす時間と経験の濃さである。『CHANGE』で言えば、朝倉と美山の恋愛関係の前提になっているのは、他のスタッフも含めた「チーム朝倉」の存在である。二十二分間の生放送の場面でも、朝倉啓太は、秘書官や政策スタッフ、そしてSPなどチーム一人ひとりが果たした役割を国民に伝えてメッセージを締めくくっていた。

言うまでもなく、その構図の原点は『HERO』にある。東京地検城西支部というチームがあり、そのなかで行動をともにするのが検事の久利生公平と検察事務官の雨宮舞子である。二人は、同じチームの一員であり、互いを意識する異性でもある。それは、二重の意味での「パートナー」と言い表すことができるだろう。

第一期第五話「二人きりの夜」は、そんな二人の関係性が垣間見える回だ。

不倫をしていた夫の妻に対する傷害事件。不倫相手の女性は夫の犯行であったことを証言するが、夫はそれを否定する。もう一度証言を聞くために、久利生と雨宮はその女性の実家である海辺の旅館に赴く。結局、相部屋で一泊することになる二人。それぞれ相手を意識せざるをえないシチュエーションのなかで、男女の愛情が絡んだ事件の捜査が続いていく。

雨宮と桜井幸子扮する不倫相手の女性が交わす会話が印象的だ。雨宮は、自分はわがまだから相手の幸せを考えられるくらいちゃんと好きにならないと恋愛は無理だと語る。それに対し女性は、自分も不倫など軽蔑していたが、頭で考えているようにはいかない、と言う。

実は、女性は、嘘の証言をしていた。どうであれ相手に一生自分のことを忘れてほしくないという思いから、自分の恋愛感情を優先したのだ。雨宮にとって、それは決して同意できるものではない。まずその証言が真実をゆがめ、法律に反するものだからだ。そしてまた相手を不幸にするという点で、自身の恋愛観に反するものだからだ。どちらの意味においても、それは彼女が考える「正義」に反する。

女性がとった行動に納得がいかない雨宮に対し、久利生は「人の気持ち全部理解しようとするほうが無理なんじゃないの」とさりげなく諭す。恋愛における一面の真理を語りながら、雨宮の恋愛観をさりげなくフォローするようなセリフだ（実は久利生は、旅館での雨宮と女性の会話を陰で聞いている）。要するに久利生は、仕事面でも恋愛面でも「正義」を共有するパートナーとして雨宮を認めているのだ。

この点について少し視点を変えて言えば、雨宮舞子を演じる松たか子と木村拓哉の共演作品の歴史は、そうしたパートナー的関係性が深まっていくプロセスでもあった。

初共演の『ロングバケーション』では、前にもふれたように同じ芸大の先輩と後輩という間柄だった。二人はともにピアニストを目指し、同じコンクールに出場するライバルでもある。そしていったんは交際を始めるのだが、結局別れてしまう。ここでは同じ職業に就こうとする仲間ではあるが、チーム感覚はまだ希薄だ。

続く『ラブジェネレーション』では、交際する二人は同じ営業部で働いている。その意味では、まさに同じチームの一員である。とはいえ、この作品では仕事の中身よりも「月9」らしいトレンディ感が強調されていた。二人が勤めるのは広告代理店、そのオフィスがあるのは恵比寿の最新オフィスビルだった。

結局、『ロングバケーション』も『ラブジェネレーション』も〝職業ドラマ〟ではあるが、むしろラブストーリーと言ったほうがしっくりくる。だがそれでも木村拓哉と松たか子には、そうしたドラマであってもどこか〝同志感〟が漂う。なぜか。それはきっと、二人には俳優として似たところがあるからだ。

『ラブジェネレーション』のプロデューサーだった小岩井宏悦は、同作品での木村拓哉と松たか子について、「非常に等身大のサラリーマンとOLを等身大から一番遠くにいるはずの二人」という「強いキャスト」が演じるところに意味があったと語る(前掲『月9ドラマ青春グラフィティ』)。ここで言われている木村拓哉と松たか子に共通するキャストとしての「強さ」とは、二人ともそのときどきの役柄を超えた存在感がある俳優だということだろう。それは演技の巧拙とは別の次元の問題だ。

いってみれば『HERO』は、そんな二人の双子的な部分を最大限に生かした作品だった。仕事面でも恋愛面でも反発しながら実は引かれ合っている久利生と雨宮のパートナー的関係性は、俳優としての二人の関係性ときれいに重なり合っていた。多用される顔のアップも、二人に限った演出手法ではなかったが、やはり二人の存在感があってこそのものだったように思う。

## 役と本人

こうした話になったところで、木村拓哉という俳優についてもう少し考えてみたい。俳優・木村拓哉の独特なところ、それは誤解を恐れずに言うなら、役と本人の境界線があいまいなことだ。例えば、彼自身が語る久利生公平役へのアプローチからもそれがうかがえる。

木村拓哉は、「作品に入るとき「役をつくっていこう」とは思わない」と言う（前掲『開放区2』）。これは、その役になりきることがすぐれた演技と考えがちな私たちの〝常識〟からすれば、意外な発言だ。

さらに久利生公平役について、彼はこう語る。「自分がやる久利生公平というキャラクターに関しては、もちろんプランを立てる場合もある。でも基本、キャラクターになるのは、その人自身。そこでは、その人間のボキャブラリーやパーソナルな部分がすごく反映されていると思う」（同書）

したがって、木村拓哉にとって演技とは役になりきることではない。「むしろなり切ってることが相当目障りになることもあるんじゃないかな。一つのキャラクターを任される…それは、もっと自然なことに思える。感情やしぐさを論理で考えようとすると、もともと持っている本能的な感覚をふさいじゃうような感じもあって」（同書）

演技のベースには、「自然」さがあり「本能」がある。そうしたとらえ方は、必然的に現場でのそこでしか生まれない感覚を重視することにつながる。第4章で書いたように、彼が『ロングバケーション』で会得した半ば即興的な演技が、まさにそれにあたるだろう。

しかし、その場の空気感から生まれる演技が「アドリブ」とイレギュラーなもののように呼ばれることを木村拓哉は好まない。脚本以外のことが表現されたとしても、それが「アドリブって、スペシャルなことのように言われてしまうのはよくわからない。現場に立ったときに当たり前のように派生するものなんだもん。逆に口にしないほうが大変だったりするくらい」。つまり、木村拓哉にとっての演技とは、「その人を〝生きちゃう〟」ことであり、そのなかでの生理的必然として自然に出てくる表現なのだ（同書）。

先ほどふれた『CHANGE』での深津絵里扮する美山へのプロポーズのシーン。実はそこにもそんな木村拓哉流の演技スタイルが発揮されていた。脚本では、美山がプロポーズを承諾してくれたことにホッとした啓太が「よかった」と言うところまでしか書いていなかった。しかし、木村拓哉は、そこで演技を終えることなく手を差し出した。すると深津絵里はそれを握り返し、そのまま二人が首相官邸を見つめつつ寄り添うかたちになった（同書）。それは、ドラマ中の白眉とも言える印象的な場面になっている。

さまざまな職業を演じてきた木村拓哉に対し、何をやっても同じ「木村拓哉」であり、〝コスプレ的〟だというネガティブな評価がつきまとう。しかしそうした評価は、それこそ表面的というものだろう。

いま述べてきたことからもわかるように、それは少なくとも本人が選択した演技者としてのアプローチなのだ。俳優・木村拓哉において、役と本人の境界線はあいまいである。だがそれは役を軽視しているのではなく、自分の人生を糧にして役に生命を吹き込むためなのだ。

## 道

木村拓哉は、かつて親友からこう問われたことがあったらしい。「これまでにもスターって呼ばれる人たちがいて、その人たちは、それぞれ、歌手だったり役者だったりしたわけだけど、じゃあ、拓哉は何なんだろうね」。このときの彼の答えは、「やー、わかんねえよ」というものだった（前掲『開放区』）。

そういう答えになったのは、何度かふれてきたように、彼が特定のジャンルにとらわれない「プレーヤー」だからだろう。歌であれ演技であれ、あるいはお笑いであれ、与えられたそれぞれの場で全力で「プレー」すること。それこそが、彼が唯一自らに課していることなのだ。

ただその後、木村拓哉は改めて親友の質問について考え、こんな答えに行き着く。「自分は、ほんとは何になりたいんだろうって思ったとき、頭に浮かんだのが道だった。高速道路とか新設開通道路みたいなのじゃない、ただの道」（同書）

それは、「混むってわかってるのに通っちゃう道」、例えば東京を通っている甲州街道や環七や山手通り、246のような道だと彼は言う。なぜそのような道でなければならないのか。その道は、「最終的に行きたい場所にたどり着けるだけじゃなくて、通過点に何かがある」からだ。「たとえば、銀杏並木とか、イルミネーションとか。いい景色が見える道って、自然に走りたくなる」（同書）

『HERO』。それは、木村拓哉という希代の「プレーヤー」が走る道の通過点で出合ったとびきりの「いい景色」だったにちがいない。そのことは、あの並木道のオープニングでアップになった久利生公平、すなわち木村拓哉の充実感みなぎる表情が、何よりも雄弁に物語っている。

# 第7章

# 木村拓哉と『ギフト』

# 疾走するドラマ

木村拓哉が疾走するドラマ、それが『ギフト』だ。この作品の彼はスーツに身を包み、自転車で、そして自分の足でとにかくひた走りに走る。ときには肩まである長髪をなびかせ、またときには後ろで束ねたポニーテールを揺らしながら。風を感じ、風を切るように疾走するその姿は、見ている私たちの脳裏にいつまでも残る。

また疾走感は、『ギフト』という作品自体の印象でもある。

木村拓哉扮する早坂由紀夫は「届け屋」だ。依頼されたものを先方に届けるのが仕事である。頼まれるものは、物、人、言葉などさまざまだ。由紀夫はどんな困難や障害にぶつかっても必ず届ける。ストーリーとしては、とてもシンプルだ。コメディタッチのやりとりを随所に挟みながら、毎回実にテンポよくドラマは進む。その風を切るようなスピード感が心地いい。そして、そのなかにも一瞬、依頼人や受取人の思いや本音がのぞき、ふと情感がにじみ出る。

その感触は、この作品の企画・脚本を担当した飯田譲治も名を挙げている萩原健一主演の『傷だらけの天使』や松田優作主演の『探偵物語』に近い。

この二つの作品は、日本的ハードボイルドドラマの代表作と言えるだろう。「ハードボイルド」とは、推理ではなく行動によって、ときには法を踏み外しても事件を解決しようとする探偵が活躍するタイプの物語を指す。

海外のハードボイルドものは概してクールで妥協しない。それに対し日本的ハードボイルドドラマでは、主人公はコミカルであったり、情に流されたりもする。その点が異なる。萩原健一と松田優作が演じるのも、そのような主人公だ。

『ギフト』の早坂由紀夫は基本的にクールで、口数も少ない。ぶっきらぼうで、虚無的とさえ言える表情を浮かべることもある。そうしたキャラクターを余すところなく伝える木村拓哉のまなざしや身のこなしの研ぎ澄まされた感じは、このドラマの大きな見どころの一つだ。

だが一方で、由紀夫はその態度とは裏腹にやはり情に厚くもある。いったん相手の切羽詰まった事情を知ると、気乗りしなさそうにしながらも結局手助けしてしまう。そのなかで、その場限りではあるものの相手とのこころの交流が生まれる。

由紀夫が記憶喪失だという設定も効果的だ。ハードボイルドの主人公は、自分の素性を明かすことはない。由紀夫が記憶喪失で自分自身素性がわからなくなっていることは、彼のハードボイルド的存在感をいやがうえにも高めている。

言い方を換えるなら、早坂由紀夫は孤独な人間だ。初回冒頭、彼はマンションの一室のクローゼットで、全身に傷を負った全裸姿で発見される。目覚めたとき、彼はすでに記憶を失っていた。こうして彼が、生まれたての子どものように何もないひとりぼっちの状態で放り出されたところから物語は始まる。そして彼は、「届け屋」として生まれ変わり、風に逆らうように疾走し続ける。

前にも書いたが、かつて木村拓哉はSMAPの一員として『プロフェッショナル 仕事の流儀 SMAPスペシャル完全版』に出演した際、「プロフェッショナルとは？」と問われ、「前線から逃げない人。うん、最前線から。前に進み続ける限り、前線にはいられるから」と答えた。そして「うん、いたいなあと思う。風当たりは強いけど」と少し笑みを浮かべながら付け加えた。

早坂由紀夫のように、木村拓哉もまた風を正面から受け止めながら孤独に時代を疾走する。そうすることが自分の職務を全うすることだと信じて。その意味で、『ギフト』は〝木村拓哉らしさ〟がこのうえなく純粋に表現された作品だと言えるのではないだろうか。本章では、そんな『ギフト』という作品を手掛かりに、木村拓哉という存在にさらに迫ってみたい。

# 『ギフト』の受難

『ギフト』が放送されたのは、一九九七年。『ロングバケーション』から一年後のことである。『ロングバケーション』は木村拓哉の連ドラ初主演作だが、山口智子とのダブル主演というかたちだった。単独での連ドラ初主演は、この『ギフト』になる。その意味では木村拓哉のキャリアのなかでも記念すべき作品である。

だが『ギフト』は、現在目にふれる機会がほとんどないに等しい。そこにはある事件が影を落としている。

一九九八年一月、栃木県のある中学校の男子生徒が、授業態度を注意した女性教師を刺して死亡させるという事件が発生した。そこで注目されたのが、その際使われた凶器だった。少年が使用したのは「バタフライナイフ」と呼ばれるナイフだった。そしてその少年は、そのナイフを持ち歩くようになった理由を、木村拓哉が『ギフト』のなかでバタフライナイフを操るシーンに影響されたからだと供述したのである。

これを機に、ナイフを規制しようという動きが強まり、その流れを見たテレビ局が『ギフト』の再放送を途中で中止したり予定を取りやめたりするという事態に発展した。すでに事件以前に『ギフト』はビデオ化されていたが、その後現在にいたるまでDVD化は実現していない。『ギフト』は、私たちにとって気軽に見ることがきわめて困難な作品になってしまったのである。

当時の新聞など多くのメディアは、事件とドラマの関係を示唆するような報道を繰り返した。だがそれらは、実は終盤第八話以降にしかないナイフの登場シーンだけを断片的に取り上げるだけで、『ギフト』という作品全体の内容やそこからくみ取れるメッセージについては語ろうとしなかった。

そんなメディアの姿勢に対し、飯田譲治は強く反論している（飯田譲治・述、西出勇志・聞き手『TVドラマ〝ギフト〟の問題――少年犯罪と作り手のモラル』）。

その主張はこうだ。理由はどうあれ、殺人行為に及んでしまうような人は、現実に存在するだろう。しかし、「その人たちが直接的にテレビに影響されて殺人を犯すことはあり得ない」「テレビによって凶器を選ぶことはあるかもしれない。テレビによって方法論を考え出すことはあるかもしれない。テレビを言い訳に使うことはあるかもしれない。だけれども、殺人という行為に関しては、何らかの影響でするということはあり得ない」。つまり、根本の原因は、あくまでそのような行為を犯す人間の側にある。「犯罪行為をするということと番組は無関係である」（同書）

ところがメディアは、そのことをうすうすわかっていながらそのような報道はしない。むしろ、逆の方向に受け手を誘導するような報道の仕方をする。木村拓哉がナイフを持ったワンシーンの写真を載せ、いかにも『ギフト』が原因で事件が起こったかのような紙面づくりをする。飯田はそのことに納得できず、事件についての報道は自由だが、「ただし、『ギフト』という作品を見てから言ってくれ」と新聞社に申し入れたこともあった（同書）。

実際、先入観抜きに『ギフト』というドラマを見れば、そこには暴力性の肯定とは真逆のメッセージが込められていることが読み取れる。

典型的なのが、第三話である。

岸部一徳扮する戎岡《えびすおか》悟は「殺し屋」だ。がんで余命いくばくもない彼は、妻子にお金を残すため、建設会社の悪徳社長を殺す仕事をある組織から引き受ける。その社長は、手抜き工事による事故で多くの人々を死なせておきながら、まったく責任を取ろうとしない。だから殺されても仕方がない人間だと戎岡は考えている。そしてとうとう、彼は社長に銃を突き付ける。あとは引き金を引くだけだ。だが結局、彼はできない。

飯田譲治は、この話で「「私は何があっても人を殺さない」と思っている人は、やっぱり自分も「何があっても殺されない」と信用して生きられる」という世界観を肯定したかったのだと語る。「どんなに追い詰められた状況であっても、人を殺す行為を否定することが心の平穏、本当の幸せを人間にもたらすんだということを描きたかった」(同書)

そんな飯田の意図は、戎岡が撃てなかった場面での由紀夫のセリフに表れている。

一部始終を見届けた由紀夫は、自転車を走らせながら「戎岡さん、かっこよかったよ」と笑顔で一人つぶやく。そしてそのとき、由紀夫はもう一人の殺し屋に出会う。実は、戎岡が撃とうとして撃てなかったその直後に、悪徳社長はその男によって射殺されていたのだ。不敵な笑みを浮かべる殺し屋。そこに、由紀夫のナレーションがかぶさる。「俺にはどうしてもトカレフを撃てなかった戎岡さんが、すばらしくかっこよく見えたんだ。あの男よりもずーっと」

## 人は生き直せる

暴力性の徹底した否定は、この作品のメインストーリーである由紀夫の「更生」とも深くつながっている。

届け屋としての仕事をするなかで、由紀夫は徐々に過去の自分の姿を思い出していく。そこによみがえるのは、悪事に手を染め、暴力で他人を傷つけ、幼なじみの親友を裏切り死に追いやったおぞましい記憶だった。由紀夫は、そんな過去の自分に激しい嫌悪感を抱く。

しかしそんな由紀夫には届けなければならないものがあった。親友の恋人は、由紀夫が以前に交際していた女性でもあった。由紀夫は、死の当日親友がその女性に贈ろうとしていた婚約指輪を自分がロッカーのなかに隠していたことを思い出す。自分のことを恨んでいるのではないかと思いながら、指輪を届けに行く由紀夫。だが鈴木京香扮するその女性は、「届けてくれてありがとう」「生きててくれただけでうれしいよ」と由紀夫を責めることなくただ許し、抱きしめる。

つまり、「届け屋」としての使命感によって、由紀夫は忘れたい過去の自分に向き合うことができた。「届け屋」になってからの三年間、仕事仲間たちとともに過ごした記憶、依頼人や受取人に感謝された記憶が彼を支えるようになっていた。「届け屋」であることは、いつしか彼にとって生きることそのものになっていたのである。だから、ドラマの結末で、彼は過去の自分に戻らず「届け屋」の「早坂由紀夫」として生き続けることを選択する。

飯田譲治は、『ギフト』というドラマは「たとえ罪を犯した人間でも、同じ世界で生まれ変わって、まともに生きていくことができるんだ」という話にしたかったのだという（同書）。自分が裏切ったせいで親友を死なせてしまうというのは、取り返しがつかない罪だ。しかしそれでも、その過去を真摯に引き受けることによって人は生き直すことができる。

木村拓哉は、「人にとって〝過去の記憶〟って何なんだろう」と自らに問うたことがある。そしてこう考える。「俺自身は、いいことも悪いことも含めて、全部、自分の過去は大事にしたい。ガキのころの思い出から新しい経験まで。ヤなことだって忘れたくない。だって、ヤなこともいいこともひっくるめて、実際に起こった出来事の全部が、今の自分をつくってるんだから」（前掲『開放区』）。自分の過去を否定することは誰にも不可能だ。

「いい記憶」も「悪い記憶」もどちらも自分をかたちづくるものであり、二つを簡単に切り分けること、ましてや「いい記憶」だけを残すことなどできない。

由紀夫もまた、同じことをこころに刻み込んだかのように、「元記憶喪失」として新しく生まれ変わろうとする。最終話のラスト、再び「届け屋」として自転車で疾走する由紀夫は、スーツ姿ではなく記憶を失う前のラフなスタイルだ。それは、由紀夫が過去の自分を受け入れたうえで生き直そうとしているからにちがいない。

## 童話らしくない童話

ところで、木村拓哉が記憶の問題について思いを巡らせたのは、あるドラマの収録中にケガをしてCTスキャンを撮ることになり、そこで自分の頭のなかを初めて見たことがきっかけだった。

そのドラマとは、『ギフト』の翌年に放送された『眠れる森』である。野沢尚原作・脚本によるこの作品もまた、記憶をめぐる物語であった。

話は、十五年前に起きた一家惨殺事件をめぐって進んでいく。殺された家族のなかで一人だけ生き残った中山美穂扮する大庭実那子は、その現場に居合わせた。その記憶は催眠療法によって封印され、別の記憶に置き換えられていまは生きている。だがその効果も薄れ始め、徐々に本当の記憶を取り戻しつつある。

そこに突然登場するのが、木村拓哉扮する伊藤直季である。彼は、実那子の人生に起こったことをなぜか詳細に知っていて、彼女の前に神出鬼没に現れる。そのことは、実那子を気味悪がらせ、おびえさせる。しかしそれは、彼女を真犯人の魔の手から守るためだった。

以上のように、この作品はミステリーだ。だがそこに読み取れるメッセージは『ギフト』とよく似ている。すなわち、過去の忌まわしい記憶と正面から向き合うことによって、人は新たに人生を生き直せる、ということである。

ただし、『眠れる森』で人生をやり直すのは、中山美穂のほうである。事件が解決し、実那子と直季は二人でやり直そうとするが、その願いが叶うことはない。直季はそうなる一歩手前のところで亡くなってしまうからだ。つまり、伊藤直季は、愛する人のために無償で命を捧げる殉教者のような人間として描かれている。その献身ぶりは、ある意味現実離れしていると言っていい。不思議な役柄である。

映画『SPACE BATTLESHIPヤマト』で木村拓哉と共演した俳優の橋爪功は、その打ち上げの席で『眠れる森』についてこう切り出した。「あれ〔『眠れる森』のこと：引用者注〕、どう見てもおかしい話だよな。あんなの普通ねえよな。でもなんかキムタクがやると見れちゃうんだよな。あれ、なんでだ?」。どう返せばいいのか迷った木村拓哉は「ああ、ありがとうございます」とひとまず礼を述べた。だが「なんであんた、そういうことできんの?」と重ねて聞いてくる橋爪に、木村拓哉は「いや、わかんないっす」と答えたという(『木村拓哉のWhat's UP SMAP!』二〇一〇年二月二十六日放送)。

橋爪功は、この作品が「どうみてもおかしい話」だが、それを木村拓哉が演じると「見れてしまう」と言う。彼もまた、木村拓哉が演じる伊藤直季の不思議な存在感に興味を抱いたことがうかがえる。

では、その印象はどこからくるのか。それは、この『眠れる森』が〝リアルなファンタジー〟であり、その点を支えているのがほかならぬ木村拓哉だというところからくるのではないだろうか。

タイトルでもある「眠れる森」は、ドラマのなかでの二人の出会いと再会の場所であると同時に、作品そのものが一種の童話的な世界であることを暗示している。ただ、その世界は子ども向けのおとぎ話のようなものではなく、とても現実的なものである。

最終回のラスト、実那子に宛てた手紙のなかで、「眠れる森の美女は、どうして目覚めたばかりなのに王子のプロポーズを受けたんだろうか?」と直季は問いかける。そして「眠れる森の美女は、実は眠ってなんかいなかったんだ。王子様が自分のために魔女と対決するところも薄目を開けて全部見ていた。たかが愛のために命がけになる王子様にほだされて、しょうがないから一緒になってやろうと思ったんだ」と解釈する。「童話なんだから幻滅させないでよ、って実那子は言うかもしれないね」と続く文面に、実那子は微笑を浮かべながらそのとおり「幻滅させないで」と言い、ハンモックの上でまどろみだす。

その後、手紙のなかで直季は、実那子に対して二人で自分たちの運命を生き直すことを提案する。それは木村拓哉のナレーションによって見ている私たちにわかるのだが、そのときすでに実那子は眠りについていて、その部分を彼女がはたして読んだのかどうかはわからない。そして落ち合う約束の森に向かう電車のなかで、直季は息を引き取る。王子が眠れる森の美女とともに暮らすことは叶わない。『眠れる森』は、現実の苦さ、残酷さを含んだファンタジー、つまり〝童話らしくない童話〟なのだ。

それは、へたに演じてしまうとただの「おかしい話」になってしまいかねない。だがリアルとファンタジーのあいだの繊細なバランスを、前章でも書いた俳優・木村拓哉の独特の役へのアプローチが支えている。現実離れした役柄になりきるのではなく、そこに木村拓哉本人の生きているリアリティがなにがしか注ぎ込まれている。だから演技として〝自然〟に映り、「見れてしまう」のである。

# 「想いの素粒子」

リアルとファンタジーを架橋できるという俳優・木村拓哉の貴重な資質。それは、彼自身が俳優として二つの領域のあいだを自由に往復できることにも通じる。そしてその振幅が大きければ大きいほど、より壮大な世界観を体現することも可能になる。

『安堂ロイド――A.I. knows LOVE?』（以下、『安堂ロイド』と略記）は、まさに俳優・木村拓哉のそうした一面をフィーチャーした企画だったと言えるだろう。日曜の夜九時からの地上波ドラマとして本格的なSFものが企画されるのはきわめてまれなことだ。「思いつくのもすごいけど、やっちゃうのもすごい」（『木村拓哉のWhat's UP SMAP!』二〇一三年九月二十七日放送）という言葉は、彼の偽らざる本心だろう。だがそれは、客観的に見れば木村拓哉という俳優だからこそ実現可能だったのである。

このドラマで木村拓哉は、物理学者・沫嶋黎士と彼にうり二つのアンドロイド・安堂ロイドの二役を演じている。

黎士は、自分が未来からくる何者かに殺される運命であることを知り、同じく命を狙われている柴咲コウ扮する婚約者・安堂麻陽の身を守るために自分のアンドロイドを現代に送り込む。最初は降ってわいたような状況がのみ込めずにいた麻陽だが、次第に打ち解け自らアンドロイドに「安堂ロイド」という名前をプレゼントする。

一方、ロイドも、そんな麻陽との交流を通して自分のなかに芽生えた感情を自覚するようになる。しかし、もともと戦闘用に特化したアンドロイドである彼にとって感情を持つことは禁物であり、そのことが職務遂行にも大きな支障になる。一度は自らを初期化し、それまでの麻陽たちとの記憶を消すことを迫られるロイド。だがたとえ戦闘能力にマイナスが生じたとしても、記憶を残すことをロイドは選択する。

ここにも記憶をめぐる物語がある。そしてそれは、『ギフト』とは合わせ鏡のような関係になっている。早坂由紀夫が失った記憶を取り戻そうとしたのに対し、ロイドは記憶を守ろうとする。どちらの場合もそこには思い出すことに苦痛を伴うような記憶が含まれている。とはいえ、それもひっくるめた記憶の存在が自分自身であるための基盤であり、大切な人に対する想いを確かなものにしてくれる。

沫嶋黎士の研究テーマは、そうした想いが時空を超えることの証明だった。常識的には、「想い」といったこころの動きが物理学の扱う問題だとは考えにくい。だが実際に研究テーマにもなっているという「想いの素粒子」の存在を黎士は発見する。そしてその素粒子を使って、黎士は百年後の未来と通信するゲートを開く。ところが、そのことで麻陽の命が危険にさらされていると知り、いったん開いたそのゲートを閉じてしまう。そこから、麻陽の命を狙う未来の警察組織と黎士、そしてロイドとの戦いが始まる。

黎士の戦いは、未来は変えられないとする立場との戦いでもある。殺された黎士に成り代わったロイドは、大学の講義のなかで語る。「人の想いは、未来を変えることができる。過去の過ちさえ変えることができる。生命とは、正しい未来へ導く力のことだ」。そして最後にこう付け加える。「伝言は以上だ」。つまりこの言葉は黎士から現代の人類への伝言であり、ロイドはいわば時空を超えて疾走する「届け屋」だ。『ギフト』の早坂由紀夫がここでもオーバーラップする。

一方、危険にさらされた麻陽を救うためにいたるところに瞬時に駆けつけるロイドは、実那子を守るためにどこにでも現れる伊藤直季のバージョンアップ版だとも言えるだろう。「想いの素粒子」という物語の核になるものがまさにそうだが、その点でこの作品は、『眠れる森』をもっと壮大かつ精緻にしたような究極の〝リアルなファンタジー〟なのだ。

そして木村拓哉は〝リアルなファンタジー〟の体現者として、この神秘的でありながらどこか生身の温かさも感じさせるロイドという難役に生命を吹き込んでいく。

例えば、第四話の次のような場面が象徴的だ。

ロイドは、黎士への想いを断ち切るために麻陽がキャンセルした二人の思い出の指輪をひそかに受け取りに行っていた。「沫嶋黎士は死んではいない。必ず帰ってくる」と断言するロイドに「嘘はつかなくていい」と反発する麻陽。それに対しロイドは「俺に嘘をつく機能はない」とクールに返す。だがその言葉に感極まってロイドの胸に顔をうずめた麻陽は、その体のぬくもりを感じ「冷たくないんだね」とつぶやく。

そのときの、自分のなかで湧き起こる複雑な感情を持て余しているようなロイドの表情がとても印象的だ。黎士でありながら黎士にはなれないアンドロイドの哀しさと優しさが共存したようなその表情は、まさしくリアルとファンタジーを架橋する俳優・木村拓哉の真骨頂が発揮されたものだった。

## 木村拓哉という〝ギフト〟

沫嶋黎士が「想いの素粒子」の存在に気づいたきっかけは、二〇一一年三月十一日に発生した東日本大震災だった。3・11の際、多くの人が自分の生活や命のことよりも誰かを救いたいと強く願った。そのとき、素粒子観測装置にそれまで発見されていなかった新たな素粒子の反応があった。単なる地震のノイズだという大方の意見に対し、黎士はそれが「想いの素粒子」ではないかと考えたのである（第八話）。

そのくだりを見て、ふと私はSMAPが3・11後に発売した最初のシングル「not alone――幸せになろうよ」（二〇一一年）を思い出した。そこにも「想い」という単語が登場するからだ。「きみを 想いを ぼくがひとりにさせない 痛み よろこび やさしくなりたい」

木村拓哉という表現者が続けてきたこと、それは、誰かを想うことのかけがえのなさ、そしてその「想い」は文字どおり現実に届くものであることを、演技や歌というエンターテインメントを通して私たちに届けることではなかっただろうか。木村拓哉は、過去と未来をつなぐ現在という〝記憶の最前線〟にとどまりながら、私たちに「想い」というギフトをたゆみなく届け続ける。その揺るぎなさこそが、他人にはまねできない彼に与えられた〝ギフト〟、つまりその言葉のもう一つの意味である〝天賦の才〟と思えるのである。

# 第8章
# 木村拓哉と『木村拓哉のWhat's UP SMAP!』

# キャプテン・木村拓哉

アイドルファンにとってラジオは特別なものだ。それはいまに始まったことではない。自分が好きなアイドルの番組をラジカセで毎回録音して繰り返し聞いたというかつてのアイドルファンも少なくないはずだ。それから時代も進み、いまではパソコンやスマホでも聞くことができるようになった。それでもテレビでは味わえない親密な距離感は、ファンにとってこたえられないものだ。

ラジオの特別さはアイドル本人にとっても同じだろう。デビューと同時に、なかにはそれ以前からラジオのレギュラー番組を始めるアイドルも多い。ラジオは芸能界の出発点であり、そのため自分のホームのような感覚があるにちがいない。だからこそラジオでのアイドルのしゃべりは趣味のこと、家族や友人のこと、撮影の裏側などリラックスしたものになり、テレビなどでは見せない素顔や本音が自然ににじみ出る。ラジオにはアイドルとファンだけの〝密会場所〟のような感覚がある。

一九八八年結成のＳＭＡＰも例外ではない。ＣＤデビュー前の一九八九年四月に早くも『POP・SMAP』がスタートした。何度か放送時間も変わったが、基本的に月曜から金曜の夜十分間の帯番組という、現在のジャニーズにもあるかたちである。またデビュー直後の九一年十月には新たに『STOP THE SMAP』も始まった。こちらは月曜から木曜夜の十分番組。メンバーの一人が二回ずつ出演するスタイルだったが、二〇一二年四月からは稲垣吾郎が単独レギュラーでパーソナリティを務める三十分番組になった。

そうしたなかで一九九五年一月に始まり、現在も続くのが『木村拓哉のWhat's UP SMAP!』（以下、『ワッツ』と略記）である。初めてSMAPメンバー個人の名が冠されたラジオ番組だった。

『ワッツ』では、「キャプテン」という番組だけの木村拓哉に対する呼び名がある。例えば、リスナーからのメールの出だしは、多くの場合「キャプテン、こんばんはー」で始まる。なかにはもっとくだけて「キャプテン」のあとの挨拶が「こんばんワッツ」とか「ごぶさたしていマップ」とかのパターンもある。そのあとにはプロ野球の話題に絡めて「ビールかけしたことありますか？」といったちょっと変わった質問から少しシリアスな身の上相談まで幅広い話題が続き、それに木村拓哉がざっくばらんに答えていく（『木村拓哉のWhat's UP SMAP!』二〇一六年九月三十日放送など）。

もともとは、彼が海賊を主人公にした漫画『ONE PIECE』の熱烈なファンであることからそう呼ぶようになった。リスナーからの『ONE PIECE』ネタだけで丸々一回分やったこともある（『木村拓哉のWhat's UP SMAP!』二〇〇六年二月二十四日放送）。「キャプテン」呼びが定着するきっかけにもなった番組の公式ウェブサイトのトップページには、おなじみの海賊帽に剣、金銀財宝を周りにあしらった「What's 海賊団」の大きなロゴも見える。つまり、木村拓哉が「キャプテン」、すなわち海賊船の船長であり、リスナーがその乗組員というわけだ。

「海賊船の船長」というイメージは木村拓哉に確かに似つかわしい。決まった航路に頼らずお宝を求めて自由気ままに続ける冒険の旅。第1章で取り上げた『ハウルの動く城』も、ラストはハウルが復活した空飛ぶ船に乗り、仲間たちとともにどこへともなく旅を続けていくシーンだった。また冒険の旅ということで言えば、アニメの『トム・ソーヤーの冒険』に憧れ、海辺に落ちていた発泡スチロールの板をいかだに見立てて海に漕ぎ出すなどして、大人に怒られたという少年・木村拓哉のエピソードも改めて思い出される。

そういう意味で言うと、『ワッツ』にはよくあるアイドルのラジオ番組とは違ったスリリングさがある。現在まで二十数年に及ぶ番組の歴史のなかには、彼自身とSMAPに起こったさまざまな出来事、そしてそれに対して真正面から向き合ってきた、どこか無鉄砲とさえ思えるほど真っ直ぐな木村拓哉という人間の証しが詰まっている。それはまさに、ファンと一体となって繰り広げてきた彼の冒険の歴史だ。本章では、そんなラジオの木村拓哉を通して、アイドルとも俳優ともまた少し異なる彼の顔にスポットライトを当ててみることにしたい。

## サドとマゾ

一九九五年一月七日。それが、『ワッツ』の記念すべき第一回が放送された日付である。木村拓哉は当時まだ二十二歳を迎えたばかり。『あすなろ白書』や『若者のすべて』などの演技で、俳優としても大きく注目され始めたところだった。またSMAPも、前年九月に発売された「がんばりましょう」の大ヒットでますますその人気が沸騰する気配を見せていた。要するに、『ワッツ』が始まったのは、木村拓哉という芸能人が本格的上昇気流に乗り始めた、そんなタイミングでのことだった。

その若さと勢いの一つの証しとも言えたのが、第2章でも少しふれた「下ネタ」である。それは、性的なことはおろか、恋愛などについても知らぬ存ぜぬを決め込む従来のアイドルのイメージを大きく覆すようなものだった。

木村拓哉は、そうした姿勢をテレビでも見せてはいた。例えば、世間に注目され始めたころ、糸井重里がMCのトーク番組に出演して自慰行為の話題にも普通に加わる姿は、それまでのアイドルとは明らかに違っていた。

だが『ワッツ』の下ネタは、さらに一段次元が違っていた。「キムタク・ピンク辞典」なるコーナーでは、自ら「スケベ先生」と名乗り、女性リスナーからの「男性が「イク」

ってどういう意味？」という質問にノリノリで答える。そんなストレートすぎるほどの下ネタトークが毎回のように展開されたのである。

それは木村拓哉自身がまだ二十代前半で、リスナーもまた若い年齢層が多かったことを思えば、ありそうなことではある。ただそれに加えて、親密さを醸し出しやすいラジオならではの雰囲気がそうさせた面もあるだろう。つまり、下ネタは木村拓哉とファンの距離の近さを測る尺度のようなところがあった。

それは例えば、第二回での木村拓哉の次のような発言などからうかがえる（『木村拓哉のWhat's UP SMAP!』一九九五年一月十四日放送）。

彼は、「SMAP」というグループ名の「S」がスポーツ、「M」がミュージックを意味するというファンにはおなじみの話をしたあとで、『ワッツ』のタイトルにある「SMAP」は違う、と言いだす。「S」はサドで「M」がマゾ、「A」は変わらず両立させるという意味のアッセンブル（assemble）、そして「P」がピープルではなくプログラム、すなわち「サドとマゾを両立させた番組」、それが『ワッツ』だと宣言する。

サドとマゾなどと言いだすとまた下ネタかということにもなるが、そこにはそれ以上のニュアンスが込められている。

木村拓哉の説明はこうだ。アイドルがラジオ番組をやると、得てして「なんか聞いてください」とか「なんとかしてください」というリスナーからの一方的な要望を叶える流れに終始しがちだ。しかし木村拓哉にとって、それでは物足りない。「そうじゃなくて、聞いてるリスナーの人とか、逆にこっちでしゃべってる僕なんかが、両方がサドにもなれるし、マゾにもなれるし、って、そういう番組にしていこうよ」と彼は呼びかける（同放送）。

つまり彼は、彼自身とリスナーが互いに正直な気持ちをぶつけ、ときには相手がたじたじとなるような本気のコミュニケーションがしたいと語る。それはもちろんもう一方で、下ネタでも遠慮気兼ねなく話し、盛り上がれる関係でもある。木村拓哉にとって「サド」と「マゾ」は、ファンとの理想の関係性を表した言葉なのだ。

## 一九九〇年代の新しいスター

このように木村拓哉は、ファンと同じ目線の高さに立ち、お互いに言いたいことが言える関係になることを望む。そこには私たちがよく知る真っ直ぐな熱い人間である木村拓哉がいる。だが同時に、自分と世の中の関係を冷静かつフラットに見つめているもう一人の木村拓哉の姿も見え隠れする。

例えば、ファッションについて彼はこう語る。「ファッションとかさ、流行とかさ、いまは、こっち側の世界じゃなくて、一般の世界から、芸能が追っかけてる状態じゃない？

（略）パンクファッションとかグランジ系ファッションであったりとか、そういうものって一般のストリートのひとたち、男の子、女の子がやってるから「じゃあ、歌手のみんなもそれ着て歌おうか」ってなるじゃない？」（『木村拓哉のWhat's UP SMAP!』一九九五年一月二十八日放送）

木村拓哉と言えば、言うまでもなくファッションリーダーのイメージが強い。それからすれば、この発言はちょっと意外な感もある。だが本人に言わせれば、必ずしもそうではない。むしろ芸能人のほうが、世間一般の人たちをお手本にする時代なのだ。そこには時代を見つめるとても冷静なまなざしがある。

一九九〇年代半ば、ストリートには「コギャル」と呼ばれる女子高生たちがあふれていた。ガングロ、茶髪、ミニスカートに厚底ブーツ、ルーズソックスといった派手なファッションに身を包み、「てゆーかぁ」「〜だしぃ」など極度にくだけた口調で話す彼女たちの姿や立ち居振る舞いに、眉をひそめる大人たちも少なくなかった。

ところが木村拓哉は、そんな彼女たちに好意的だった。一九九六年に書かれたエッセーでは、こんなことを語っている。「俺がオヤジになって、自分に、そういう娘がいたら、イケイケなんじゃないかな。どんどんいっちゃって！って。ピアスだってルーズソックスだって買ったるわ」（前掲『開放区』）

確かに当時の批判的な大人たちに比べれば、木村拓哉のほうがはるかに女子高生と世代的に近い。だから彼女たちのファッションや言葉遣いに寛容なのだとも言えるだろう。

しかし彼は、自分と女子高生にはもっと本質的な部分で似たところがあると感じていた。

「俺、女子高生って、自分と似てるような気がするんだ。彼女たちって、自分で制服をアレンジすることで、所属してるところから精神的に自由になりたいんじゃないのかな。俺たちみたいな世界にも、プロダクションだったり、レコード会社だったりがあるけど、それだけじゃなくて、ちゃんと一個人として存在していたいっていうか」（同書）

この言葉には、一九九〇年代という時代に、木村拓哉という一人の若き芸能人が大きくブレークした理由を考えるための重要なヒントがあるように思える。

一九九〇年代の幕開けは、昭和が終わり平成に元号が変わるタイミングとも重なっていた。敗戦からの復興を合言葉に戦後の日本人は一心不乱に働き、驚異的な高度経済成長を達成した。そしてそれによって、平均してみれば誰もが一定水準の暮らしができる〝一億総中流〟の社会を実現した。多くの日本人が、少なくとも物質的には豊かになったという実感を持てたのである。

だがその昭和が終わり、バブル景気が崩壊すると、一転して長い経済的停滞が続くようになった。木村拓哉と同じ一九七〇年代前半生まれの「団塊ジュニア世代」は、その苦労を就職難というかたちで直接味わった世代でもある。それは、経済的問題であるだけでなく、それぞれの個人にとって人生に希望が持てないということでもあった。そのとき、精神的な充足感をどうすれば得られるかが若い人々を中心に大きなテーマになり始める。

女子高生たちを見て木村拓哉が共感した「精神的な自由」への希求は、そうした時代背景を色濃く反映したものだろう。それは、とにかく経済的に豊かな暮らしの達成を目指した昭和の社会のしくみ、具体的には企業、学校、家庭のあり方への不満と表裏一体のものだ。

これまでは、例えば学校にあるルールや価値観に従ってさえいれば、多少の差はあれ誰にでも豊かな暮らしが保障されると思えていた。だがいまは逆にそのルールや価値観が、個人の自由を奪うわずらわしいもののように感じられる。そしてその結果、若者は「所属してるところ」から逃れるように「ストリート」へと出ていく。それが一九九〇年代だった。

木村拓哉は、そうした時代の転換期に「スター」になった。正確に言えば、そんな時代が木村拓哉という存在を「スター」に選んだ。だから当然、それまでのスターとは違っていた。

『ワッツ』が始まる前年の一九九四年、木村拓哉は映画『シュート!』の演技が評価されて石原裕次郎新人賞を受賞している。石原裕次郎は昭和の高度経済成長期が生んだ大スターだ。湘南の海で颯爽とヨットに乗る若き裕次郎の姿は、経済発展によって右肩上がりにどんどん豊かになっていく社会の象徴であり、まぶしい憧れとして仰ぎ見るような存在だった。

一方、木村拓哉のような一九九〇年代のスターは、女子高生たち同様、そうした社会のヒエラルキーやその裏側にある社会通念などから逃れたいと考える人々の願いから生まれてくる。例えば、九六年に彼は女性用口紅のCMに出て大きな反響を呼んだ。こちらを射るようなまなざしで見つめながら自分の唇に口紅を塗る木村拓哉。当時男性芸能人が女性化粧品のCMに出演することはまだきわめて珍しかった。そこにはやはり、「男性はこうあるべき」「女性はこうあるべき」といった固定観念を超えていく九〇年代のスターの姿がある。

こうして一九九〇年代、所属する集団や組織のなかでのポジションではなく「ちゃんと一個人として存在」していることがスターの条件になった。ファンにとっては仰ぎ見るような存在というよりは、同じ個人として友人のようにそばにいて、対等にコミュニケーションを取れる存在、それが求めるスターだ。ラジオの木村拓哉には、そんなスターの変化がいちばんよく現れていると言えるだろう。

## 避けては通れないこと

ただ、ファンと真に対等な関係であろうとするなら、口当たりのいい話題ばかりではすまない。例えば、自分自身やSMAPのことでファンとの関係を揺るがせかねない大きな出来事があれば、それを避けて通ることはできない。

実際、そうした場面は番組の歴史のなかで何度かやってきた。例えば、SMAPに関しては、二〇〇一年の稲垣吾郎、〇九年の草彅剛の不祥事、そして一六年のSMAP解散の際にも、木村拓哉はそれぞれ『ワッツ』のなかでふれている。

一例を挙げれば、二〇〇一年九月三十日の放送では、稲垣吾郎の謹慎を受けて四人でおこなわれたSMAPのコンサートについてリスナーから便りが寄せられた。中止にせず四人でやってくれたことに感謝の念をつづった内容に対して木村拓哉は、逆に四人にもかかわらず多くのファンが集まってくれたことに感謝し、ステージ上から見る客席に「SMAPのメンバーがすごいということではなしに、SMAPを取り巻く空気がすごいなあ」という思いを抱いたことを語った。

一方、彼は「SMAPはトラブルばかり」という当時の報道に対しては強い違和感を表明する。ここで〝トラブル〟とされたなかには、この前年にあった自身の結婚をめぐる報道も含まれていたからだ。そもそも恋愛することのどこが〝トラブル〟なのか。そして結婚相手が妊娠誘発剤を使って子どもをもうけたというような根拠のない噂をいかにもそれらしくしゃべる「どっかのバカなレポーター」。

そんな言葉を木村拓哉は『ワッツ』ならではの率直さで語った。そして同時に、そんな最中にもコンサートで「らいおんハート」を一緒に歌ってくれたファンや、「逆に目出てえことなんだから、そう思ってないとだめでしょ、俺らは」と言ってくれたメンバーへの感謝の気持ちを伝える。

ただしそれは、なれ合いですませようということでは決してない。この前年、結婚の会見をした際には、リスナーから「なんだ、あの会見は、よぉ」とか「ライブのついでか、コノヤロー」といった調子の手厳しいファクスが届いた。なかには会見中、プロポーズの言葉を聞かれて照れて言えなかったことについて、「おめえオナニーの話とかラジオでしてんだろ！」という過激なファクスもあった（二〇〇〇年十二月二十二日放送）。

だが木村拓哉は、そうしたファクスに対して「頭にくる」こともあると正直に語りながらも、なんにせよ嘘偽りのない感情をわざわざファクスに書き付けて自分にぶつけてくれたことに対しては、やはり感謝の思いを口にする。それは彼にとって、リスナーと「本気の素直なコミュニケーション」ができていることを意味するからだ（同放送）

さらに『ワッツ』という番組は、芸能人・木村拓哉が社会との関わり方を真剣に考える場にもなってきた。それもまた、違う意味で避けては通れないことだった。

先に書いたように、番組の第一回放送は一九九五年一月七日。そしてその直後の一月十七日に阪神・淡路大震災が発生した。同年一月二十一日の放送では、「地震の後、友人と連絡がつかず心配している」というリスナーからの便りがあった。それに対し木村拓哉は、現場に直接行って手助けすることはなかなかできないが、芸能人という職業をやっているからこそ、メッセージや曲を送るなど一般の人とは違ったやり方でできることがあると語り、その一つとしてその日の番組中に募金への呼びかけをおこなった。

それから十六年あまりが過ぎた二〇一一年三月十一日、今度は東北地方を巨大な地震が襲った。この東日本大震災の発生によって、当日放送予定だった『ワッツ』は休止になった。そしてその翌週十八日の放送。リスナー、そしてリスナーの知人の被災者からSMAPの曲へのたくさんのリクエストが届き、「がんばりましょう」、「はじまりのうた」(二〇〇八年)、「オリジナルスマイル」(一九九四年)など全八曲がその日番組中に流れた。リクエストを受けて木村拓哉は、「表現するという、そういう仕事の責任」を痛感したと言い、「もっともっとやってかないと。腹くくってやっていきたい」と改めて覚悟を示した。

その二年後の二〇一三年のインタビューで、「これからSMAPとしてやりたいことは?」と聞かれた木村拓哉はこう答えている。「五人で行っていないところが国内にまだいっぱいあるし、自分たちの足で網羅してみたいな。そこで選挙活動みたいに手を振るので

はなく、本当のコミュニケーションをとりたいなと思います」（「AERA」二〇一三年五月六・十三日号）

この「本当のコミュニケーション」という言葉、それは、彼がラジオという場を通じてファンとの本気の関係性、そして表現者としての使命感を培うなかで出てきた、シンプルながらとても重みのある言葉であるように私には思える。

## 「素」の多面体

ここまで見てきて思うのは、木村拓哉にとっての「素」であることとの大切さだ。しかも木村拓哉という人間のなかには異なるいくつかの種類の「素」が存在していて、そのことが彼の比類ない魅力にもなっている。

例えば「素」というと、私たちはなんとなく「キャラ」との対比で考える。「キャラ」は意識して演じているものであり、本当はそうではない「素」の部分があるととらえる。ならば「アイドル」もまたキャラの一面がある。「いつもまぶしい笑顔」「純粋で恋愛経験もない」といったイメージを守るために、「アイドル」は「素」を隠して演じられるものだ。

だが一九九〇年代は、そんな「アイドル」の固定観念が破壊されていった時代である。その先頭に立っていたのがSMAPであり、木村拓哉だった。彼らは、どこにもいそうな「フツーの男の子」としての「素」を隠さなかった。そしてそれが、それまでの「アイドル」像に代わって新しい〝アイドル〟のスタンダードにもなった。

また演じるという点では、ドラマや映画、舞台での役柄も当然同じだ。そして常識的には、そうしたフィクションのなかでの役柄と「素」は別物と考えられている。

しかし、第6章でも書いたように俳優・木村拓哉の場合は役と本人の境界線があいまいだ。それはたまたまそうなってしまうのではなく、彼が採用した演じるためのアプローチである。「基本、キャラクターになるのは、その人自身。そこでは、その人間のボキャブラリーやパーソナルな部分がすごく反映されていると思う」（前掲『開放区2』）

つまり、木村拓哉は役柄と「素」を分けない。むしろ「素」の部分が演技を支える基盤であり、養分になっている。それは、アイドルのときのように前面に出てくるものではない。「プレーヤー」であることを常に意識している木村拓哉は、演技であれ歌であれ、作品のなかの自分の役は崩さない。そのうえで役柄を生きたものにするために本人の「素」は欠かせないのだ。

このように、木村拓哉にはアイドルと俳優のそれぞれに関わる二通りの「素」がある。そしてそれらとは違うかたちで、ラジオでの第三の「素」がある。

『ワッツ』の第一回のオープニング。一曲目のSMAP「がんばりましょう」のあとで、木村拓哉はこんな挨拶をした。「木村拓哉」と聞くと、『若者のすべて』の上田武志や『あすなろ白書』の取出治といった役柄を思い出す人もいるかもしれない。だが、「そういうのは全部抜きです！」と木村拓哉は切り出す。そして「まあこの場では、友だちみたいな感覚で考えてくれればいいなあと思います」としたうえで、しょっぱなのトークをこう締めくくった。「今日は、もう素っ裸になった全裸をですね、「どうだぁ」といった感じで、みんなに伝えていきたいと思います」（『木村拓哉のWhat's UP SMAP!』一九九五年一月七日放送）

「素っ裸になった全裸」というのはとても印象的なフレーズだ。ラジオでの「素」が、演じることから最も遠いところにあることが、この〝裸〟という言葉の強調された繰り返しからひしひしと伝わってくる。アイドルのときとも俳優のときとも異なる、まさにむき出しになった「素」がラジオの「素」なのだ。

木村拓哉が発散する唯一無二の魅力、それは、「素」の多面体の魅力ではないだろうか。ニュアンスの異なるいくつかの「素」が、平板ではなく深く奥行きがある多面体をかたちづくる。だから木村拓哉の姿や声に接するとき、常に自然体であるのにもかかわらず、私たちはそこに神秘性を感じ取ってしまう。〝近さ〟と〝遠さ〟の交錯に私たちは魅惑されるのだ。それはまた、「ストリート」の時代のスターにふさわしいたたずまいでもあるにちがいない。

## 「有名」ではなく「知名」

一九九八年二月のエッセーのなかで、木村拓哉はこんな面白い提案をしている。「有名かどうかって話になったら、今の自分は有名なんだと思う。でも、よく無名の役者だの、歌手だの、バンドだのって言い方するけど、〝無名〟って言葉自体、下ネタなんかより、放送禁止にしたほうがいいよ」。どんな人やグループにも名前は「有」る。だから、「有名」と「無名」という分け方はそもそもおかしいし、しっくりこない、と彼は言う（前掲『開放区』）。

では、どんな呼び方ならいいのか。木村拓哉はこう続ける。「今、自分がプライベートで表に出たときに感じるのも、〝有名〟っていうより〝知名〟って言ったほうがぴったりくる。「この人たちは俺の名前、知ってんだな」って」（同書）。「有名」「無名」と言ってしまうと、「有名」であるほうが人間として上だというような色眼鏡で見てしまうことになる。そうではなく、自分は多くの人から名前を知られているだけだと木村拓哉は考える。「知名」ということであれば、目の前にいる人との一対一の関係が基本だし、それはそういう事実を言っているにすぎない。

ここにも、一九九〇年代という「ストリート」の時代、スターもまた街なかの女子高生たちと同じ一個人だという時代の空気がある。そのなかにたまたま芸能の仕事をしている「木村拓哉」という名前を持つ一個人、たまたま名前を知られることになった一人の個人がいるだけだ。
　だから木村拓哉は、必然的にこう考えるようになった。「最近、俺、〝プライベートの自分〟と〝仕事の自分〟っていうのを分けて考えるのもおかしいんじゃないかって思い始めてる。単にプライベートでは、テレビカメラがなかったり、メイクさんやスタイリストさんっていう周りでケアしてくれる担当者がいないだけじゃないかって。そこに俺自身の境はないいんだ」(同書)
　とすれば、ラジオこそが、そんな彼の理想を満たしてくれる場所なのかもしれない。そこにはテレビカメラもなければ、「メイクさんやスタイリストさん」もいないが、純粋なプライベートというわけでもない。にもかかわらずプライベートか仕事かをいちいち悩む必要はない。そもそもそこにいるのは、「素っ裸になった全裸」の自分なのだから。ラジオは、木村拓哉が木村拓哉そのものでいられる究極の場所なのである。

# 第9章
# 木村拓哉と「One Chance!」

# 「配達人」と「受取人」

「でもくどいようだけど、ＳＭＡＰは歌手ではないと思う」と木村拓哉は語ったことがある（前掲『開放区２』）。

改めて言うまでもなく、ＳＭＡＰ、そして木村拓哉の歌に魅せられているファンは多いだろう。それぞれ異なる声質が絶妙に融合したＳＭＡＰのユニゾンの魅力、そしてこちらの気持ちにすっと入ってくるような艶と伸びがある木村拓哉の歌声が発散する色気は、人を引き付けるに十二分なものだ。

また売り上げという目に見える実績をとってみても、「世界に一つだけの花」（二〇〇三年）などのミリオンセラーをはじめとして、数々のヒット曲がＳＭＡＰにはある。その長年の実績と存在感から『ＮＨＫ紅白歌合戦』や民放の大型音楽特番など、ＳＭＡＰは歌番組にも欠かすことができない存在だった。だから「歌手ではない」という木村拓哉の言葉は、こちらを一瞬戸惑わせる。しかも「くどいようだけど」という言い方からは、それが単なる謙遜などではないことが伝わってくる。

では、「歌手ではない」というその言葉には、いったいどのような真意が込められているのだろうか。

木村拓哉は言う。「俺たちは毎回、その曲の〝紹介者〟とか〝配達人〟って言ったほうがぴったりくるかな」。そしてまた、こんなふうにも自分たちの役割を例える。作品とは「種蒔いて、水を与えて、芽が出て、木に育って実がなったもの」であり、そこでSMAPができるのは、「いかに落ちないように木に登って実を採ってくるか」だ、と（同書）。つまり、作詞家、作曲家、そしてアレンジャーらが精魂込めて育てた作品という果実の配達人がSMAPである、というわけだ。

この「配達人」という表現は、第7章でも取り上げた『ギフト』の早坂由紀夫を思い出させる。由紀夫は「届け屋」として依頼人から託された贈り物を届けること、つまり配達することに強い使命感を抱いていた。そしてそこでもふれたように、その贈り物のなかには物だけでなく言葉もあった。そのことに重ね合わせてみるなら、SMAPが歌い続けた楽曲はファンだけでなく社会の人々への「ギフト」であり、そしてSMAPはその「配達人」ということになるだろう。

だが歌手としての木村拓哉は、早坂由紀夫にはない面を持っている。それは、「配達人」であるだけでなく、楽曲の最初の「受取人」でもあることだ。

そのことをうかがわせるこんなエピソードがある。

「世界に一つだけの花」の発売前、作詞・作曲者である槇原敬之が歌うデモテープを初めて聴いたときのことである。そのとき木村拓哉は、「ホント、鳥肌が立った」という。「ナンバーワンにならなくていい」「それぞれがみんなオンリーワンなんだから」という発想に、強くこころを動かされたからである。そこに彼は、ＳＭＡＰというグループのあり方を重ね合わせた。「曲とうちらが同化する」体験をしたのである。それは、「夜空ノムコウ」（一九九八年）のときに同様の経験をして以来のことだった（『木村拓哉のWhat's UP SMAP!』二〇一二年十一月二十三日放送）。

「配達人」であると同時に「受取人」でもあること。歌手・木村拓哉はこの二つのあいだで揺れ動く。だがそうであるがゆえに、この二つの面は共鳴し合い、そこから聴く人々のこころに響くさまざまな思いを乗せた歌が湧き出てくるのではないだろうか。本章では、そんな視点から〝歌手・木村拓哉〟にスポットライトを当ててみたい。

## 選ばれたソロ曲

「今日は勝手にやらせていただきます。木村拓哉の『ＳＭＡＰソング セレクト5』！」

こう宣言して、木村拓哉は個人的に好きなＳＭＡＰの楽曲五曲を発表した。二〇一五年七月二十四日放送の『ワッツ』でのことである。それより前に『ＳＭＡＰ×ＳＭＡＰ』のなかで、ＳＭＡＰが番組で歌ったことがない楽曲を「セレクト5」として歌ったのをふまえての企画だった。

そのなかには、「A Song For Your Love」（二〇〇三年）や「夏日憂歌（サマータイムブルース）」（二〇〇三年）とともに先ほどふれた「夜空ノムコウ」も入っている。

「スガシカオさんからいただいて、やらせていただいたときの自分たちにももちろん当てはまることだったんですけど、いまだに当てはまる曲になるんじゃないかなって思ってますね」というのが選んだ木村拓哉の言葉だ。

一方、こうしたグループ曲とともに唯一木村拓哉のソロ曲から選ばれていたのが「One Chance!」である。SMAP二十一枚目のオリジナルアルバム『Mr.S』（二〇一四年）に収録されたミディアムバラード調の曲で、苦しいときやつらいときもあるけれど、それを一つのチャンスととらえようという内容の詞だ。作詞・作曲は、シンガーソングライター・森山直太朗である（クレジットは御徒町凧との共作）。

楽曲提供のきっかけは、森山直太朗が『HERO』第二期の第一話にゲスト出演したことだった。これが森山のドラマデビューだったが、現場では木村拓哉とすっかり意気投合し、よく会話を交わす仲になった。「彼〔森山のこと：引用者注〕と一緒にいることがすごく心地よかったんです」と語る木村は、その際ダメもとで森山に曲作りを依頼した。すると森山は、アルバム制作スケジュールの関係上時間的余裕がなかったにもかかわらず、一週間で二曲も完成させてくれた。そのうち木村が「よりドハマりした曲」が、「One Chance!」

だった（「オリ★スタ」二〇一四年九月四日付）。

おそらく、グループで歌う楽曲に比べれば一般的な知名度という点では劣るだろう。それに木村拓哉のソロ曲は他にも数多くある。では、そのなかでこの「One Chance!」がなぜ五曲のなかに選ばれたのだろうか。

その理由は、ファンから寄せられた反響の大きさだった。「この曲を聞いて『こうなれた』という感想をいただいたときに、すごく大きくなりましたね、存在感と言うか」と木村拓哉は語っている（『木村拓哉のWhat's UP SMAP!』二〇一五年七月二十四日放送）。

実際、「One Chance!」を聴いたリスナーからのメールが『ワッツ』でまとめて紹介されたこともある（『木村拓哉のWhat's UP SMAP!』二〇一四年九月二十六日放送）。

四十歳の女性からは、高校で弓道部に入っている娘が試合前に調子を崩し、悩んでいたところに試合前日「One Chance!」を聴き、夕食を食べながら泣いてしまった。だが、それを機に気持ち的に吹っ切れたようだったという感謝のメールが寄せられた。

また、二十九歳の幼稚園教諭の男性からは、園の大きな行事を任せられたが思うようにいかずこころが折れかけていたところに「One Chance!」の「再三繰り返す失敗にこそ答えが隠されてる」「今まさにチャンス 失敗さえも運命じゃん ほらそこにチャンス」という歌詞が自分の境遇に重なって泣きそうになったという内容のメールがあった。

そうしたメールを読んだ木村拓哉は、「失敗してちょっと下を向いているようなひとが周りにいたら、この曲を届けてもらえたらうれしい」とリスナーに向けて語った。つまり木村拓哉は、リスナーに対して曲の「受取人」であるだけでなく「配達人」にもなってほしいと訴えかけた。いわばリレーのバトンのように、曲が次から次へと手渡されていくことを彼は望んだのである。

歌手とファンは、一方通行の関係ではない。先ほど書いたように、歌手・木村拓哉が「配達人」であると同時に「受取人」でもあるとすれば、ファンもまた同じである。こうして、歌を通じたどこが始まりでどこが終わりともしれないネットワークがかたちづくられる。ここで木村拓哉はそう言おうとしたように思える。

## 電話口でのギター

また『ワッツ』の同じ回には、ライブで「One Chance!」を聴いたというリスナーからのこんな質問もあった。

それは五十二歳の女性からのものだった。SMAPのツアーを観にいき、「One Chance!」に魅せられた彼女は、自分もギターを弾きながら同じように歌ってみたいと思うようになった。そこでギターの選び方を尋ねてきたのである。それに対して自分が所有するギターのことやおすすめのギターについて延々と話す木村拓哉の声は、実に楽しそうだ。

このときのツアー「Mr.S “saikou de saikou no CONCERT TOUR”」での「One Chance!」は、ギターの弾き語りを基本に、そこにあらかじめ木村自身が歌ったラップパートをかぶせ、最後は学生スタイルの男女ダンサーたちがバックで踊るという演出だった。ゆったりしたリズムに乗せて、先ほどふれたような一節が入った歌詞を木村拓哉は語りかけるように、そして自分に言い聞かせるようにしっとりと、だが力強く歌う。弾いているのはセミアコースティック型のエレキギターだ。森山直太朗らしくフォーク的な要素もあるこの曲に合わせたものだろう。

ギターは、この「One Chance!」に限らず歌手・木村拓哉にとって欠かせないものの一つだ。

例えば、「夜空ノムコウ」のパフォーマンスは、彼のアコースティックギターの音色、そして演奏する姿がなければずいぶん印象が違ったものになっていただろう。また二〇一二年のツアー「GIFT of SMAP――CONCERT TOUR'2012」でのソロ曲「La＋LOVE&PEACE」も、アコースティックギターによる弾き語りのバラードだ。ここでの木村拓哉は、ただスポットライトだけというシンプルな演出のなかで、ファンによる「La la la la」という合唱と共鳴するように、ギター一本で会場全体を巻き込むようなパフォーマンスを見せている。歌は、聴覚だけでなく、視覚からも伝わるものであることが伝わってくる。

そもそも木村拓哉がギターを始めたのは、高校生の頃だったらしい。きっかけは、好きな異性の存在である。その彼女が「これいいよ」と言って貸してくれたのが、アメリカのヘヴィメタルバンド、スキッド・ロウのCDだった。そのなかに「アイ・リメンバー・ユー」(I Remember You) というシングルカットもされてヒットしたロックバラードがある。そのギターパートを、木村拓哉はどうしても自分でやりたくなった。一方的に好きだった彼女にその思いを伝えるためである(前掲『開放区』)。

バンドなどでもギタリストは花形であり、注目を浴びるポジションだ。だから異性にモテたい、好きな異性に思いを伝えたいという理由でギターを始めるというのは、それほど珍しい話ではない。むしろありふれた話と言ってもいいくらいだろう。だが木村拓哉の場合は、伝え方が少し変わっていた。

「アイ・リメンバー・ユー」のギターパートを一生懸命練習して覚えた彼は、ただ演奏を聞かせたわけではなかった。彼女に電話をし、最初はCDをかける。そしてだんだんボリュームを落としていき、自分のギター演奏に変えていった。「それでピタって止めると、「なんで音止めちゃうのー?」って彼女が聞くんだ。そこで「俺が弾いてるから」って答えたら、電話の向こうで、「え?」ってびっくりしてくれて、ちょっとうれしかった」(同

書）

まさに〝ザ・青春〟と言いたくなるような甘酸っぱい思い出だ。だが同時にそこにはすでに、曲の「配達人」と「受取人」という木村拓哉の二つの顔がのぞいてもいる。

ギターを使って思いを伝えるとなれば、自作の曲を演奏しながら歌うというパターンがすぐに浮かぶ。しかし、木村拓哉はそうはせず、すでにある楽曲のギターをコピーして聞かせることで思いを伝えようとした。「これいいよ」という彼女の楽曲への思いを受け取った木村拓哉少年は、その楽曲をそのままもう一度彼女に届けようとしたのである。元のギターと自分のギターをシンクロさせることによって、自然に自分の思いが相手のこころのなかに届くように。

## コラボの現場

またこのエピソードは、木村拓哉の洋楽への愛情が一朝一夕のものではないことを感じさせるものでもある。「アイ・リメンバー・ユー」が収録されたスキッド・ロウのデビューアルバムは一九八九年のリリース。七二年生まれで当時高校生だった木村拓哉は、リアルタイムでこのアルバムを聴いたことになる。

木村拓哉が洋楽通であることは、ファンにとってはおなじみの事実だろう。『ワッツ』などで洋楽の話題が出てくると、彼はひときわ饒舌だ。しかも、自分が生まれる前の古典的名盤とされるものから最新のものまで幅広く聴いていることがその話からも伝わってくる。例えば、彼が生まれる前のキャロル・キングの名曲「君の友だち」（You've Got A Friend）（一九七一年）を絶賛したり、まさに当代きっての人気者と言えるジャスティン・ビーバーのアコースティックアルバムを推薦したりするといった具合だ（『木村拓哉のWhat's UP SMAP!』二〇一五年七月十日放送）。

他にはマイケル・ジャクソンに対してエンターテイナーとしての深いリスペクトの念を語ったりする一方で、ローリング・ストーンズ、エアロスミス、ボン・ジョヴィ、ガンズ・アンド・ローゼズなどロックバンドの名もよく挙がる。しかもこうしたロック系を中心とした洋楽アーティストの楽曲が、木村拓哉が出演する映画・ドラマの主題歌や挿入歌に使われるケースも多い。ブライアン・フェリーの「TOKYO JOE」（『ギフト』）、エルヴィス・コステロの「スマイル」（『空から降る一億の星』）、クイーンの「ボーン・トゥ・ラヴ・ユー」（『プライド』）、エアロスミスの「Angel」（『エンジン』）、マドンナの「マイルズ・アウェイ」（『CHANGE』）、ヴァン・ヘイレンの「JUMP」（『MR.BRAIN』）、ローリング・ストーンズの「ジャンピン・ジャック・フラッシュ」（『PRICELESS——あるわけねぇだろ、んなもん！』）など、木村拓哉のドラマに洋楽は付き物と言っても過言ではないほどだ。

また、歌手として実際に海外アーティストとコラボすることが多いのも特筆すべき点だろう。『SMAP×SMAP』の「S-Live」のコーナーには、数々の海外アーティストが登場した。レディー・ガガやスティングといった超大物から、先ほど名が挙がったキャロル・キングやボン・ジョヴィのような長年活躍するビッグスター、そしてアリアナ・グランデのようないまをときめくポップアイコンまで、枚挙にいとまがない。

そのうちレディー・ガガとの最初のコラボ（二〇一一年七月十一日放送）については、こんな裏話もある。冒頭ガガが黒いマスクをして登場してそのまま歌いだし、途中でマスクを外すという演出があったのだが、そのマスクを渡されたダンサーは、リハーサルではそれを床に放り投げていた。それを見た木村拓哉は、自分に投げてもらったほうがいいと考え、ダンサーにそうお願いした。そして思い付きで受け取ったマスクを着けて登場してみたところウケて、本番でもそうすることになった（『木村拓哉のWhat's UP SMAP!』二〇一一年七月二十二日放送）。

ドラマの現場での木村拓哉がそのときの雰囲気に応じて出てきた即興的なセリフや行動を大事にしていることは前に書いたが、歌の現場でもそうした点は一貫していることがわかる好例である。このときの十分あまりに及ぶコラボは、歌やダンスはもちろん、セットや構成・演出も含めたトータルなクオリティにおいて、日本の歌番組の歴史のなかでも長く記憶されるにちがいないパフォーマンスだった。そうした意味では、木村拓哉は、世界の音楽シーンを直接肌で知る、日本でもまれな歌手だと言えるだろう。

## 「熱さ」の理由《わけ》

それに加えて、木村拓哉はそういう現場に自分が立てていることの新鮮な驚きを決して忘れないでいる。そこにはある種、類いまれなファン感覚がある。「普段の生活の中でも、iPodで「この曲聴こうかな」ってアーティストの名前をスクロールしていると「この人もスマスマに来てくれた。あっ、この人も」って（笑）。それと同時に、収録した時のスタジオの空間がオーバーラップしてきて、不思議な感覚になるんだ」（『SMAP×SMAP COMPLETE BOOK――月刊スマスマ新聞VOL.5～GREEN～』）

その感覚は、日本の歌手と共演する歌番組でもまったく同じであるようだ。「（歌番組に出たときに）本物の歌手の人たちを〝体感〟できるっていうのはすごいよ。「俺ら、ここにいていいのかな？」って思うもん、毎回」（前掲『開放区2』）

そんな思いは、『NHK紅白歌合戦』ではピークに達する。「とくに『紅白歌合戦』とかになると、正直「おじゃまします」って感じ。でも子どもの頃、『紅白』って（略）ワクワクさせてくれたじゃん。だから自分が出演者としての立ち位置に置かせてもらうなら、今

度はそのワクワク感を観ている人に届けられたら…とは思う」（同書）

木村拓哉は、子どもの頃、視聴者として受け取ったワクワク感を今度は出演者として届けようとする。そしてその前提には、SMAP、そして木村拓哉に気持ちを届けてくれるファンや視聴者の存在がある。「〝有名〟とかチンケな言葉じゃなく、たくさんの人に気持ちをもらってる…と考えると、こんなに幸せなもんってない。そこでは思い切り楽しむべきだよね」（同書）

要するに、ここにも木村拓哉とファン・視聴者は、ともに「配達人」であり、同時に「受取人」であるという歌のネットワークがある。だからこそ、そうした場での歌手・木村拓哉はその責任を全うするために「思い切り楽しむ」、つまりとても熱い。

『紅白』での木村拓哉の熱量の高さは際立っている。とりわけ長年にわたり『紅白』を象徴する存在だった北島三郎との共演には印象に残る場面が多い。トリで北島が登場して「まつり」を歌えば、そこにはうちわを振り、全身にパワーをみなぎらせて応援する木村拓哉の姿が必ずあった。

なかでも二〇〇八年の『紅白』で北島が「北の漁場」を歌ったときは、巨大な漁船のセットの上にSMAP全員も一緒に乗って盛り上げた。そこでも木村拓哉は、のちにラジオで「船の揺れ半端じゃないっすからねぇ。あそこに立って、この曲を歌い上げる北島さんは、半端じゃないです」（『木村拓哉のWhat's UP SMAP!』二〇〇九年一月三十日放送）と興奮ぎみに話すほど、北島のそばでひとときわハイテンションだった。

そうした熱さは、もちろんSMAP自身が『紅白』で歌った際にも発揮された。特に二〇一一年の大トリのステージは、今後もずっと語り継がれるものだろう。

このときのステージには、同年三月に発生した東日本大震災への支援の思いが込められていた。そのなかで歌われた一曲が「オリジナルスマイル」(一九九四年)である。SMAPは、トリの歌手としては『紅白』史上初めて客席に降りて歌い、盛り上げた。そして木村拓哉は、他のメンバーがステージに戻ったあともそのまま客席にとどまって審査員だった大竹しのぶの横に座り、そこでカメラを見つめながらソロパートを歌った。しかも「山程ムカつくこと毎日あるけど」の歌詞を「山程立ち直ること毎日あるけど」に変えて。

このとき生まれた会場とSMAPの一体感は、忘れ難いものだ。木村拓哉が歌詞を変えたのは、会場だけでなくテレビの前にいる被災者、さらに全国の視聴者にもメッセージを届けようという「配達人」としての責任感がそうさせたものだろう。それもまた、彼一流の現場感覚の証し、その場で臨機応変に振る舞うことができる「プレーヤー」としての真骨頂にちがいない。

## 「感じ方が似てると思うのは、音楽をやってる人間なんだ」

言うまでもなく、そうした現場感覚は、ＳＭＡＰでのライブの経験によって大きく育まれたものだ。

ＳＭＡＰ二十枚目のオリジナルアルバム『GIFT of SMAP』（二〇一二年）に収められた「前に！」は、前述の木村拓哉による「セレクト５」の一曲にも選ばれた。その理由を彼はこう語る。「これはステージ上にいる時、自分もそうだけど、すごくオーディエンスのみんなの意識も一緒になれる曲として僕のなかで印象が強いので。胸を張って表現できる曲。どこか恥ずかしかったり、こんなことやっちゃってるよっていうのがひとつもない曲ですね」（『木村拓哉のWhat's UP SMAP!』二〇一五年七月二十四日放送）

「俺らＳＭＡＰと一緒に、前に！前に！」という木村拓哉の力強い言葉とともに始まるライブでの「前に！」を見れば、みんなが「一緒になれる曲」と彼の言う意味が一目瞭然だろう。広いドーム会場で最初はファンの近くなどそれぞれの場所に散り散りになっていた五人のメンバーたちが、最後はステージ中央に集結し、一斉に「前に」歩きだす瞬間の高揚感。そしてこの曲の木村拓哉もやはり熱い。あるときは人差し指を突き上げ、またあるときは集まったファンに一緒に歌うよう促し、熱唱する（「GIFT of SMAP——CONCERT TOUR' 2012」）。

ドラマや映画、あるいは多くの歌番組とも違い、ライブでは現場にファンがいる。そのファンとの関係性について、親交があるロックギタリスト・ＭＩＹＡＶＩと共演した『SONGS』でこんな二人の会話があった（二〇一七年四月二十日放送）。ＭＩＹＡＶＩは、自らの体験もふまえたファンとのあるべき関係として、「求めるものを与えるだけではなくて、同じ方向を見て一緒に歩けるようにする」ことが自分たちの存在意義ではないかと語る。そしてそれを聞いた木村拓哉は、「まさしく、まさしく」と強く共感し、うなずいた。

この「前に！」のライブは、まさにそんなファンとの関係性を目に見えるかたちで示すものだ。一方通行ではなく、お互いが信頼し、言葉を多く費やさずとも同じ方向に向かって進んでいける関係、つまり言葉の真の意味での「コミュニティ」がそこにある。

木村拓哉は、こんなこともエッセーに書いていた。「俺、見てるところが同じっていうか、感じ方が似てると思うのは、音楽をやってる人間なんだ。それは役者やってる人間と似てるようで微妙に違う」（前掲『開放区』）

なぜだろうか。その理由を彼ははっきりとは語っていないが、私なりに推測するならば、俳優であるときよりも、歌手であるときのほうがより「自分」を演じられる部分が大きいからではないだろうか。

前章で、木村拓哉は「素」の多面体だと書いた。そのことで言うならば、ドラマや映画よりも役柄の枠をはめられずに自分を出せるのが歌手だ。またラジオのほうがより「素」の度合いは高いかもしれないが、ライブの場で自分の声と身体を通じて直接ファンとのコミュニティ的一体感を生み出せるのも歌手だ。つまり、歌は、木村拓哉自身とファンがともに解放されて「素」の共同体になることを許してくれる大切なものなのだ。木村拓哉にとって歌うことは、演じること、パフォーマンスすることがそのまま「素」の自分をストレートに伝えることになるという意味で、他にはない特別な行為なのである。

## あの旗のもとへ

ここまで歌手・木村拓哉について書くなかで、ふれてきた楽曲に一つの共通するワードがあることに気づいた。それは、「空」である。

デモテープを聴いて歌詞とＳＭＡＰを重ね合わせたという曲の一つであり、「セレクト５」にも選ばれていた「夜空ノムコウ」については、そのタイトルや歌詞も含めて言うまでもないだろう。

他にも二〇一一年の『紅白』でのステージ以降、いっそう多くの人のこころに刻まれたにちがいない「オリジナルスマイル」には、冒頭のサビの部分に「晴れ渡る空 昇ってゆこうよ 世界中がしあわせになれ」という印象的なフレーズがある。

また「前に!」もそうだ。サビのなかで歌われる「空の彼方 僕らもっともっと飛べるよ」という一節は、「前に 前に いつでも前に 前に」と繰り返されるパワフルな曲調のなかで世界に広がる開放感を抱かせ、心地いい余韻を残す。

もちろん、「空」という単語が出てくる楽曲はそれこそ数えきれないほどあるだろう。だからこれも単なる偶然ではあるにちがいない。

だが、「One Chance!」について木村拓哉が次のような思いを語るとき、それは必ずしも偶然ではないかもしれないとも思ってしまう。

彼は、「世界に一つだけの花」や「夜空ノムコウ」のときと同じように、森山直太朗が歌うデモテープを聴きながら歌詞を読んで「やられた」。それは「いつの日か絶対 あの壁も飛び越えちゃうのさ そう空よりも高く」という一節で、これから将来もし大きな壁にぶつかったときの自分を勇気づけてくれるような気がして、歌うたびに「ヤバい」気持ちになると告白した(『木村拓哉のWhat's UP SMAP!』二〇一四年九月二十六日放送)。

この曲を披露したライブでの木村拓哉は、その歌詞に合わせるように一瞬空を見上げるようなしぐさを見せる。そしてステージの大きなスクリーンには、雲が流れていく青空をバックに「One Chance」と書かれた白い大きな旗が風を受けて気持ちよさそうにはためいている。「僕が僕らしくあるための One Chance!」、そして「君が君らしくあるための One Chance!」。その旗こそはきっと、木村拓哉とファンがともにそこに向かって歩いていく約束の場所なのだ。

第10章

# 木村拓哉と『若者のすべて』

# 光と影

俳優には自分と同じ年齢の役柄を演じる機会がどれくらいあるものだろうか。学園ドラマなどではよくあることかもしれないが、それ以外ではどうだろうか。

一九九四年放送の『若者のすべて』は、木村拓哉が実年齢と同じ年齢の役柄を演じたドラマだ。劇中登場する男女六人の幼なじみの同級生たちは、九四年に二十二歳を迎える。つまり七二年生まれ、木村拓哉と同じである。だからだろうか、この作品を見ていると、物語の世界と現実の世界がシンクロしているような気持ちになってくる。

当時の木村拓哉は、前年放送された『あすなろ白書』の取手治役が注目を集め、人気が沸騰し始めていたところだった。『若者のすべて』は、連続ドラマとしては『あすなろ白書』の次に出演した作品である。脚本は、現在も第一線で活躍する岡田惠和。彼が初めて一人で手掛けたオリジナルストーリーだった。劇中にも随所で流れる大ヒットした主題歌、Mr.Childrenの「Tomorrow never knows」とともに覚えている人も多いだろう。

『あすなろ白書』と『若者のすべて』。この両作品は、「青春群像ドラマ」という点で共通している。同級生の若い男女がともに日々を過ごし、仲間の誰かに恋愛感情を抱き、ときにはケンカし、すれ違いながらも励まし合い生きる姿が描かれる。

しかし、二つのドラマの若者たちが置かれた境遇は対照的である。『あすなろ白書』の舞台は大学だ。「もう君たちは忘れてしまっただろうか　あの頃の風景を　あの時の風の匂いを　あの頃の光のざわめきを」という石田ひかりのナレーションで始まるこのドラマは、終始ノスタルジックな雰囲気に彩られている。東京・青山にある大学のキャンパスは瀟洒で、主演の石田や木村拓哉など同級生の五人が集うサークル「あすなろ会」の集合場所は古びた洋館のなか。その部屋にはグランドピアノが置かれている。いわばそこは、同年代の若者だけでなく、かつて大学に通った年代の人たちも憧れるような理想郷だ。そしてそんな舞台設定のなかで、切なくも郷愁をそそるような恋愛模様が繰り広げられる。

それに対し、『若者のすべて』で幼なじみの同級生たちが置かれた状況は、まるで正反対と言ってもいい。

例えば、主演の萩原聖人扮する原島哲生は事故で両親を亡くし、実家の小さな自動車修理工場を継いでいる。彼には、両親の事故を目撃したショックで自分の殻に閉じこもり、学校にも行かなくなった中学生の妹がいる。また武田真治扮する青柳圭介は地元の小さな開業医の息子だが、医大受験に失敗を重ね現在四浪中だ。深津絵里扮する水沼亮子は地元の建築業者の娘。そのコネで信用金庫に就職したが満足せず、ひそかに女優になる夢を抱いて小さな劇団に入っている。鈴木杏樹扮する崎山薫は、東京の商社に勤務し同僚と婚約中。彼女だけは一見順風満帆に見えるが、自分の人生がそれでいいのか心中は揺れている。

そして木村拓哉扮する上田武志。彼は二年前、同じ幼なじみ仲間であるEBI扮する吉田守をやくざがらみの事件、暴力沙汰に巻き込み、その結果、守は植物状態になってしまった。自責の念に駆られた武志は、そのとき以来仲間の前から姿を消したままだ。

第8章で、木村拓哉は一九九〇年代の新しいスター像を体現したと書いた。そのことをここでもう一度考えてみるとすれば、彼が相次いで出演した九〇年代のこの二つの作品が描いた光と影、とりわけ影の部分の魅力のなかに、その新しいスター性は凝縮されていると言えるのではないだろうか。最終章となる本章では、『若者のすべて』という作品を手掛かりに、私たちにとって、ひいてはいまの日本社会にとって木村拓哉とはどのような存在なのか、改めて考えてみたい。

## 病室と工場

「武志という男は友情を大切にする男で、いいヤツだったたね」（Wink up特別編集『SMAP Year Book 1994-1995 Revival & Evolution』）。これは、『若者のすべて』を振り返った木村拓哉の言葉だ。

木村拓哉演じる武志は、寡黙でクール、いつもぶっきらぼうでとっつきにくい。しかしこころの底では人一倍仲間思いでもある。守を植物状態にしてしまった責任を感じている彼は、アルバイトで稼いだお金を守が眠っている病室にひそかに届け続けている。そして会えばケンカばかりの哲生のことも、口にこそ出さないが気にかけていて、いざというときには援助を惜しまない。つまり、表向きの印象とは裏腹に、「誰かのために生きること」をいとわない自己犠牲の精神の持ち主だ。

そんな複雑な上田武志というキャラクターを、木村拓哉は繊細な演技で巧みに造形している。

例えば、武志が誰かと会話する場面がそうだ。武志は、その際にあまり目を合わせない。うつむき加減で顔は違うところを向き、相手の話を聞いているのかどうかもよくわからない。だが実は相手の言葉にじっと耳を傾け、思いを巡らせていることが、アップになったときのその微妙な表情の動きから見て取れる。そして、言葉よりはまず行動に移す。その静と動のコントラストが、周囲の人間、そして視聴者にもカタルシスをもたらす。

その根底には、ここまで何度かふれたように木村拓哉ならではの受けの演技の魅力がある。それが大きく花開いたのは『ロングバケーション』からかもしれないが、『若者のすべて』でも十分に感じられる。

さらに、このドラマが現実の世界とシンクロするような部分が、演技の面でもいい方向に作用したということもあるだろう。つまり、前にもふれた役と本人をあえて区別しない木村拓哉独特の演技へのアプローチが、自分と役が同年齢であるこのケースで自然に、かつ最大限の効果を上げたのではないだろうか。その意味では、ここに俳優・木村拓哉の原点の一つがあると言っても過言ではない。

だが上田武志という役柄が仲間思いであるとしても、ドラマ自体は単純な友情礼賛の物語ではない。木村拓哉自身が「作品的に思わぬ方向へ、思わぬスピードであれよあれよと言う間に走っていった気がする」(同書)と述懐するように、登場人物たちはみな、一人の力ではどうしようもない現実に翻弄される。

妹が自分から離れて施設で暮らすようになり、街の再開発で工場の売却話を持ちかけられた哲生は、自分の進むべき道について悩み始める。圭介は成績が上がらないなか尊敬する父親から裏口入学を勧められ、また亮子は女優への道が開けかかったところに別れた恋人の子どもを身ごもり、ともに一人思い悩む。そして薫もまた、お互いの行き違いから同僚との婚約を破棄し、会社も辞めてしまう。

そうしたなか、希望の光が差したかに思える瞬間が訪れる。ずっと昏睡状態だった守が奇跡的に目を覚ましたのだ。喜ぶ幼なじみたち。だが早く動けるようになって病室の窓から「空が見たい」と言っていた守は、再び病状が急変して亡くなってしまう。

病室とそこから見える空。この対比は、ドラマ全体の構図を暗示するものだ。二年ものあいだ眠り続けた守の病室は、他の仲間が置かれた脱出困難な苦境のメタファーと言えるだろう。実際、幼なじみたちは、守が眠る病室をこっそり訪れては、誰にも言えない苦悩を打ち明ける。一方、目覚めた守が見たいと熱望した病室の窓から見える空は、そんな苦悩から解放された自由な状態の象徴だ。だが守の願いは叶わずに終わる。

では、どうすれば自由になれるのか。その答えは次のような場面に示されている。哲生は工場の売却をぎりぎりで踏みとどまる。工場は、迷える仲間たちが安心と絆を求めて集うもう一つの場所でもあるからだ。哲生は、工場を売らなかった理由を聞かれてこう答える。「結局、ここが俺の自由なんだよな」。つまり、工場というみんなにとっての「ホーム」があってはじめて、それぞれの自由も可能になるのだ。

武志もまた、工場をこころの底から必要としていた。幼なじみのなかで、武志だけが家族との縁に恵まれなかったからだ。幼い頃に両親が離婚し、その後一緒だった母親も失踪してしまった武志にとって、実の子どものように接してくれる哲生の両親がいた工場は本当の家庭のようなものだった。「好きだったんだ、あの工場」。実は二年前の守が巻き込まれた事件も、哲生の工場の資金難を知った二人がお金を工面しようとしたためだった。

だからドラマの終盤、ようやく地元に戻った武志は哲生の工場に住み込みで働き始める。そして他の仲間たちも苦境を正面から受け止めたうえで、それぞれ自分の力で歩む決意をする。

## 「まだ、いけるっしょ」

### ラストシーンの意味

この『若者のすべて』を、いつの時代も変わらない若者の苦悩と成長の物語とみることもできるだろう。だが先ほどからふれているように、この作品には現実の世界とシンクロしているような部分があり、それが作品の独特の空気感になっている。その意味では、一九九〇年代の日本だからこそ生まれえた作品でもある。

例えば、ドラマの舞台は神奈川県の川崎だ。川崎と言えば、鉄鋼業や電機産業などで栄えた京浜工業地帯の中心である。つまり、一九五〇年代半ばから七〇年代前半にかけての日本の高度経済成長を大きく支えた街の一つだ。

高度経済成長によって日本人の平均的生活水準は上がり、誰もが自分の暮らしは人並みだと考えられるようになった。〝一億総中流〟社会の誕生である。『若者のすべて』に登場する川崎の人々も、裕福とまでは言えないかもしれないが、そんな社会の潮流から外れているわけではない。

薫の家庭などは、その好例だ。薫の一家は、両親と薫の妹との四人で公団住宅に暮らしている。父は真面目なことが取りえの勤め人だ。ある日、薫が帰宅するとその父が居間で一人テレビをつけたまままうたた寝をしている。それを見た薫は、優しい笑みを浮かべながらそっと毛布をかけてやる。そこにBGMで、『夢であいましょう』（NHK）の主題歌のメロディが流れる。テレビ草創期を代表するこのバラエティ番組が始まったのは一九六一年、高度経済成長期のただなかのことだった。

この場面には、戦後日本人が手に入れた、ささやかではあるが確かな幸福が凝縮されていると言えるだろう。そして高度経済成長期のなかで始まった薫の家族の幸福物語は、一流商社に就職した娘が職場で申し分のない結婚相手を見つけたことで無事完結するはずだった。ところがそれは挫折した。

そこには、子ども世代である一九七〇年代前半生まれの「団塊ジュニア」が直面した時代の転換がオーバーラップする。

一九八〇年代の後半、つまり昭和末期に始まったバブル景気は多くの日本人に高度経済成長の続きのような高揚感を与えた。だがその分、それが弾けたときの反動も大きかった。バブル景気終焉後の九〇年代初頭から、日本は長い経済停滞の時代に入っていくことになる。

そんな時代の陰りは、『若者のすべて』のオープニングにもさりげなく、だが雄弁に表現されている。まず沈む夕日で逆光になった工場群のシルエットから始まり、そこから画面は夜の工場地帯を空撮で移動しながらとらえる映像へと変わる。それは、高度経済成長が実現した豊かさを謳歌する時代の黄昏、そして終わりを暗示している。

実際、経済の停滞は、「団塊ジュニア」の人生に少なからず影響した。「就職氷河期」という言葉がマスコミをにぎわせ、大学を卒業しても正社員としてではなく契約社員やフリーターで働く人たちが目立ち始めたのもこの頃だ。ドラマのなかでも、薫が再就職を目指すがうまくいかず、昨今の就職難の状況を嘆く場面がある。

また自動車も、このドラマのなかで時代を象徴する意味合いを持ったアイテムだ。

哲生の工場で働き始めた武志は、そこにあったスクラップ同然の車を自分の手で再生させようとする。高度経済成長期に自動車は「マイカー」と呼ばれ、テレビと同様豊かになった暮らしの象徴だった。哲生の生活も、そうして世に普及した自動車を修理することで成り立っている。それに対し武志は、他人のためではなく自分たちが乗って好きな場所に行くために車を一からつくろうとする。つまり、車とは自由になるための手段でもあるのだ。

そしてその思いは叶い、二人は協力し合って見事に車を再生させる。喜ぶ二人。だがそれもつかの間、ナイフを持った少年（演じるのはV6結成前の井ノ原快彦だ）が仲間とのクリスマスパーティの場所に向かおうとする彼らに襲いかかる。二人を刺し、「負けるわけにはいかねえんだよ」と叫んで逃げ去る少年。

その言葉を聞いた二人は、血まみれになり、傷の痛みに耐えながらこんな会話を交わす。

「負けるわけにはいかねえってさ」「もう二十二だぜ俺たち、老けたと思わねえ？」と言う哲生。それに対し、「まだ、いけるっしょ」と返す武志。そして雪が降りしきるなか、二人は肩を支え合い、足を引きずりながら、おそらく仲間が待つ場所へと向かう。

その後ろ姿をとらえたショットでこのドラマは終わる。結局、二人がどうなったかはわからない。何とか助かったのかもしれないし、死んでしまったのかもしれない。「思わぬ方向へ、思わぬスピードで（略）走っていった」という木村拓哉の言葉を裏付けるようなラストである。

ここにドラマが発するメッセージを読み取ることもできるだろう。

少年が発した「負けるわけにはいかねえ」という叫びは、〝一億総中流〟社会のなかに勝者至上主義の競争原理による亀裂が入ろうとしていることを物語る。それまではみんなが平等に仲良く豊かになれると信じていた日本人だが、バブルの崩壊とともにそんな時代も終わるかもしれないことを感じ始めている。それは、一九九〇年代の否定しようがない一つの側面だ。

仲間同士支え合いながら自分の道を見つけようともがく哲生や武志たちもまた、そんな日本人だ。「さあ、これから」というときに競争原理の象徴である少年のナイフに傷つけられてしまう。だが、それでも二人は仲間の元へと向かう。「希望」というにはあまりに過酷だが、「まだ、いけるっしょ」という武志の言葉には、そう形容したくなる何かがある。

## 木村拓哉の一九九〇年代

一方、武志と同じ年齢の木村拓哉はどうだったか。一九九〇年代の木村拓哉の足跡を改めてたどってみよう。

彼がSMAPの一員としてCDデビューを果たしたのが一九九一年九月。それ以前からグループとしての活動はもとより、個人としての活動もおこなっていた。とりわけ「はじめに」でもふれた唐十郎作・蜷川幸雄演出による八九年の舞台『盲導犬』に出演した経験がのちの芸能人生に多大な影響を及ぼしたのは本人も語るとおりである。二〇一六年、蜷川幸雄が亡くなった際には、「本当に、あれ（『盲導犬』のこと）経験してなかったらやってないですからね。たぶん、どっかの古着屋の店員になってたと思いますよ、マジで」と吐露したほどである（『木村拓哉のWhat's UP SMAP!』二〇一六年五月二十七日放送）。

そして、芸能の仕事を続けていく力になったという点で「すごくでかかった」と木村拓哉が挙げるもう一つの作品が、冒頭にもふれた『あすなろ白書』である。

ただ、本人の弁によれば、もちろん仕事には真剣に取り組んだものの、「『あすなろ白書』のときは、俺、まだほんとにただの若造だった。メガネかけて、マジメな取手くんを演じながら、撮影が終わってから遊びに行くのが楽しくてしょうがなかった。どっちかといえば、仕事より、そっちのほうに夢中だったかもしれない」（前掲『開放区』）。その言葉を額面どおりに受け取るなら、『あすなろ白書』に関しては、世の中が木村拓哉を発見したという部分のほうが大きかったのかもしれない。

『あすなろ白書』は〝一億総中流〟という豊かさの果実を守れると日本人が信じられたぎりぎり最後の時代の作品と言える。実らなかった学生時代の恋愛が社会人になってから成就するという物語の展開にもそれは表れている。バブル景気と密接な関係にあったトレンディドラマの本丸である「月9」自体がそうした枠であり、水曜夜九時からの放送だった『若者のすべて』との違いは端的にそこにある。

そんな『あすなろ白書』のなかで、木村拓哉は「メガネかけて、マジメな取手くん」を演じた。その取手治もまた、上田武志と同じく主役ではない。ただしこちらは、主人公の石田ひかり扮する園田なるみへの恋愛感情を抑えて、筒井道隆扮する掛居保との恋愛が成就するようバックアップし、見守る役だ。流行語にもなった「俺じゃダメか」という取手のセリフは、そのような役柄だからこそこころに残るものだった。

ここでもやはり、木村拓哉の受けの演技が光る。自分を犠牲にしても誰かを助けようという役柄は、『若者のすべて』の上田武志と重なる。とはいえ、恋愛はもちろん人生の一大事であるにせよ、『あすなろ白書』の若者たちは、どのようにして生きていけばいいのかという根本的な悩みまで抱えてはいなかった。

それに対し、『若者のすべて』の若者たちは、ラストシーンが象徴するように傷だらけになりながら人生にもがき苦しむ。そこには恋愛をする余裕などはない。再就職をいったん諦めて専門学校に通うことに決めた薫が武志に対して「いつか、恋愛しよっか」と冗談交じりながら言わざるをえなかったように、結局先延ばしにするしかないのだ。

繰り返しになるが、一九九〇年代前半とは、若者にとってそんな光と影が交錯する時代だった。そして「キムタク」というアイコンもまた、そんな光と影の両面が交わるところに生まれたもののように思える。

それまでベスト10の圏外だった木村拓哉が雑誌「an・an」の「好きな男」ランキングのトップに躍り出たのは一九九四年のことだった。それから二〇〇八年までの十五年間、木村拓哉がトップの座を守り続けたことはよく知られるとおりだ。タイミング的に見て、『あすなろ白書』と『若者のすべて』がきっかけだったと言える。

むろんそれに並行して、SMAPとしての人気急上昇もあった。一九九三年発売の「$10」でぐんと伸びたCDの売り上げは、九四年発売の「がんばりましょう」でさらに飛躍した。そして「がんばりましょう」は、単なるヒット曲という枠を超えて、時代への応援歌に成長する。

一九九五年一月、阪神・淡路大震災発生直後の『ミュージックステーション』で、木村拓哉と中居正広が生メッセージを被災者に向けて送ったあとで、SMAPは当初の予定を変更して「がんばりましょう」を歌った。この九五年は、続く経済の停滞、震災に加えて地下鉄サリン事件も起こるなど、戦後の大きな転換点になった年だった。そのなかでSMAPは、夏に日本テレビのチャリティ番組『24時間テレビ 愛は地球を救う』で番組パーソナリティを務めるなど、不安を増す時代との関わりを深めていった。

木村拓哉にとってこれら一連の流れが一つになったのが、翌一九九六年の連続ドラマ初主演作『ロングバケーション』だったと言えるだろう。この作品には、『若者のすべて』の時代性を取り込んだ「月9」のアップデートという側面があった。第4章でもふれたように、瀬名秀俊もまた、上田武志と同じく木村拓哉の実年齢と同じ設定だった。恋愛ドラマとしての骨格は保ちながら、そこに瀬名秀俊と葉山南それぞれの人生の苦悩と再出発を重要な要素として盛り込んだことで、同じ恋愛ものでも『あすなろ白書』とは異なる質感の作品になったのである。

## その後の若者たち

### 「子ども」でいる権利

では、一九九〇年代の若者たち、そして木村拓哉は、その後無事大人になれたのだろうか。

若者とは、いってみれば子どもから大人への過渡期のことだ。しかし現代で、何をもって「大人」とみなすかは、ますます漠然としている。だから真剣に考えれば考えるほど、逆に混迷の度合いは深くなる。

『若者のすべて』で哲生の修理工場の近くにある橋の存在は、そんな若者たちが置かれた状況を象徴的に表している。その橋の上で若者たちはときに仲間に悩みを打ち明け、ときに子どもの頃の楽しかった思い出話にふける。それは、子どもの側から大人の側へ渡りきることができず、ずっとその手前にとどまっている若者たちの姿そのものだ。

とすれば、二〇〇〇年の『Beautiful Life――ふたりでいた日々』以来、『HERO』『GOOD LUCK!!』『プライド』『エンジン』、そして『CHANGE』と続いた〝職業ドラマ〟には、一九九〇年代の若者が大人になるための訓練、大人へのレッスンという意味合いもあったのかもしれない。『GOOD LUCK!!』について、「乗客の安全をキープするために、空の上だけじゃなくて、地上でも一生懸命に働いている人たちの話だと解釈して演じてた」（前掲『開放区』）という木村拓哉の言葉は、その見立てを裏付ける。自分に与えられた社会的役割を全うすることが大人になることだとすれば、一連の〝職業ドラマ〟では、繰り返しそのことが描かれていたと言える。

また、大人へのレッスンという意味では、親子関係も避けて通れないテーマになる。第5章でふれた『エンジン』『華麗なる一族』、そして『アイムホーム』と二〇〇〇年代の後半以降の作品で、木村拓哉は親子それぞれの立場を異なるシチュエーションで演じてきた。

そのなかで彼は、『華麗なる一族』の結末に強いメッセージを込めたかったと語っている。鉄平は、父親との確執によって生きる希望を失い、死を選ぶ。だが「とくに最終回、原作どおりに鉄平が自ら命を絶つシーンを、そこだけ唐突にやることには抵抗感があった」という木村拓哉は、「太陽が昇るラストシーン」を提案した。それは、「太陽って貧富の差問わず、性別問わず、誰にでも平等にあるものなんだな」と感じたからだった（前掲『開放区2』）。太陽は、いつどんなときでも希望は存在することの証しなのだ。

最後に木村拓哉が演じる万俵鉄平は、「僕はなぜ、明日の太陽を見ないのだろう？」という言葉を残す。そこに木村拓哉は、「ちょっとだけ顔を上げさえすれば、絶望の中にも希望を見出す可能性がある」「過去に希望は抱けないのなら、確実に前を見ていくしかない」という気持ちを込めた。「それを伝えるのは万俵鉄平役を任されたうえでの責任だと思った」からである（同書）。

私たちが置かれた現在の状況は、過去の出来事の蓄積の結果だ。そのなかで私たちは生きるしかない。現在の状況が幸福を保証してくれることもあるが、絶望感をもたらしてしまうこともある。それがどちらかは、人によっても社会によっても変わるだろう。ただ少なくとも日本社会が一九九〇年代以降絶望の度合いを深めてきたことは確かだろう。そのなかで木村拓哉は、「絶望の中にも希望を見出す可能性」を信じようとする。つまり、過去ではなく未来を志向する。

「誰にでも平等にある」希望、そして未来。それは言い方を換えれば、いついかなるときでも人には「子ども」でいる権利があるということだ。「いい表情って、イコールその人の子どもの部分なんじゃないかと思う。二十歳を超そうが、五十歳になろうが」（同書）という前にも引いた木村拓哉の言葉は、それを実感として語ったものにちがいない。当然、「子ども」でいる権利は木村拓哉その人にもある。いや、「素」の多面体である木村拓哉にとって、「子ども」であることこそ「素」の究極のかたちなのではないだろうか。

木村拓哉に対して、彼が四十代になってもずっと変わらないことを〝大人になれない〟という調子で批判する声を耳にすることがある。だがそれはむしろ逆だ。彼はただ「子どもではなくなることが大人だ」という常識にとらわれたくないだけだ。むしろ彼は、「子どものまま大人になること」が可能なこと、そのような大人へのなり方があることを、身をもって証明しようとしているのである。その挑戦は、『若者のすべて』が描いたような一九九〇年代以降の苦境を共有する私たちにとっても、決して他人事ではない。だから好き嫌いという次元を超えて、私たちは「木村拓哉」という存在から目が離せなくなるのである。

## 『無限の住人』が示した答え

「子ども」でいる権利を保ち続けること、それは見方を変えれば、時間の流れに逆らって生きること、ひいては「永遠の生」を獲得することにも通じるだろう。そう考えたとき、二〇一七年に公開された映画『無限の住人』のことが自然に思い浮かぶ。

同名コミックが原作のこの作品で、木村拓哉は主人公の万次を演じている。もとは旗本の腰物同心で、謎の老婆の手によって不死の身体を持つにいたった万次は、ある日、杉咲花演じる凜という少女から用心棒を頼まれる。彼女は福士蒼汰演じる天津影久に殺された父親の仇《かたき》をとろうとしていたのだ。万次には、不正をし、民を苦しめていた主を斬ったことで賞金首になった結果、賞金稼ぎによって妹を殺された過去があった。凜に妹の面影を重ねた万次は依頼を引き受け、二人の仇討ちの旅が始まる。

スピーディなアクションの息もつかせぬ連続で、まずそれに圧倒される。様式美ではなく肉を断つ手応えがこちらにも伝わってくるようなリアルな殺陣など、いかにも三池崇史監督らしい、ずしんとした重みがある娯楽作だ。その演出に応える木村拓哉の身のこなしの迫力、そして美しさにも目を奪われる。

万次は、これまで木村拓哉が演じてきた数々の武士役の一つ、その最新版でもある。第3章でも書いたように、彼にとって「武士」と「侍」は異なる。侍が「今でいうサラリーマン」だとすれば、武士は「武勇をもって仕える人」である。すなわち、武士は単なる組織の一員であることに甘んじず、最終的には自分個人の意思や主張を貫く。不正に手を染めていた主を斬った万次もまた、そんな武士の一人である。そして不死の身となった彼は、組織ではなく凜という一人の人間に「武勇をもって仕える」のだ。

万次は不死の存在だが、絶対に死なないわけではない。例えば、万次と戦う相手の一人、市川海老蔵扮する閑馬永空もまた、同じ不死の身体を持っている。だが激しい戦いの末、永空は生きていることに疲れたと言い、死んでいく。つまり逆に言えば、万次にとって不死であることは、変えようがない運命ではなく自ら選んだ道である。万次は、死ぬこともできるが、死なないことを自ら選んだのだ。

映画のラストシーンは、そんな万次の覚悟が伝わってくるものだ。激闘の末、二人は天津影久を倒すが、凜をかばった万次は斬られてしまう。泣きながら必死に万次に呼びかける凜。しかし、万次は目を開かない。諦めかかった凜がふと「おにいちゃん」という言葉をもらす。すると「そこは兄様だろ」と万次は目を覚ます。『若者のすべて』の上田武志もまた、最後刺され、傷を負いながらも「まだ、いけるっしょ」と立ち上がり、ともに傷ついた哲生と支え合いながら歩きだす。そこにはどこか、万次と凜の姿が重なる。

では、助かったとしてその後武志はどうなったのだろうか。結局、生きることに疲れ、力尽きてしまうのだろうか。

実は幼なじみのなかで武志だけが、自分の今後を決められずにいた。それは、一九九〇年代以降の日本社会のなかで漂い続ける若者の典型的な姿だ。彼の置かれた困難な状況がそう簡単に解消するわけでもないだろう。

だが死なないこと、生き続けることを自らの意思として選ぶことはできるはずだ。死ねないこともつらいかもしれない。しかしそれでも、大切な誰かの呼びかけに応えてともに生き続けること。それが、『若者のすべて』の武志から二十年以上が過ぎ、四十代になった木村拓哉が『無限の住人』の万次として出した答えだったように思うのである。

# 参考資料一覧

本書で言及したテレビ・ラジオ番組や映画、書籍・雑誌などの情報を、ジャンルごとに五十音順でまとめた。

## ●テレビ番組

『FNS27時間テレビ』フジテレビ系、一九八七年―
『NEWS23』TBS系、一九八九年―
『NHK紅白歌合戦』NHK、一九五一年―
『SMAP×SMAP』フジテレビ系、一九九六―二〇一六年
『SONGS』NHK、二〇〇七年―
『さんタク』フジテレビ系、二〇〇三年―
『さんま&SMAP 美女と野獣のクリスマススペシャル'15』日本テレビ系、二〇一五年十二月二十二日放送
『情熱大陸』TBS系、一九九八年―
『土曜プレミアム HERO THE TV』フジテレビ系、二〇一五年七月十八日放送
『ノンストップ!』フジテレビ系、二〇一五年十月八日放送
『プロフェッショナル 仕事の流儀』NHK、二〇〇六年―
『プロフェッショナル 仕事の流儀 SMAPスペシャル完全版』NHKBSプレミアム、二〇一一年十二月二十四日放送
『ミュージックステーション』テレビ朝日系、一九八六年―

## ●ドラマ

『A LIFE――愛しき人』TBS系、二〇一七年
『Beautiful Life――ふたりでいた日々』TBS系、二〇〇〇年
『CHANGE』フジテレビ系、二〇〇八年
『GOOD LUCK!!』TBS系、二〇〇三年
『HERO』第一期、フジテレビ系、二〇〇〇―〇一年
『HERO』第二期、フジテレビ系、二〇一四年
『MR.BRAIN』TBS系、二〇〇九年
『PRICELESS――あるわけねぇだろ、んなもん!』フジテレビ系、二〇一二年
『アイムホーム』テレビ朝日系、二〇一五年
『あすなろ白書』フジテレビ系、一九九三年
『安堂ロイド――A.I. knows LOVE?』TBS系、二〇一三年
『エンジン』フジテレビ系、二〇〇五年
『織田信長 天下を取ったバカ』TBS系、一九九八年三月二十五日放送
『華麗なる一族』TBS系、二〇〇七年
『傷だらけの天使』日本テレビ系、一九七四―七五年
『ギフト』フジテレビ系、一九九七年
『空から降る一億の星』フジテレビ系、二〇〇二年
『男女7人夏物語』TBS系、一九八六年
『探偵物語』日本テレビ系、一九七九―八〇年
『忠臣蔵1/47』フジテレビ系、二〇〇一年十二月二十八日放送
『逃げるは恥だが役に立つ』TBS系、二〇一六年

『眠れる森』フジテレビ系、一九九八年
『昼顔――平日午後3時の恋人たち』フジテレビ系、二〇一四年
『プライド』フジテレビ系、二〇〇四年
『古畑任三郎』フジテレビ系、一九九四・九六・九九年
『宮本武蔵』テレビ朝日系、二〇一四年三月十五日・十六日放送
『ラブジェネレーション』フジテレビ系、一九九七年
『ロングバケーション』フジテレビ系、一九九六年
『若者のすべて』フジテレビ系、一九九四年

●ラジオ

『STOP THE SMAP』文化放送、一九九一―二〇一二年
『POP・SMAP』TBSラジオ、一九八九年―
『木村拓哉のWHAT'S UP SMAP!』TOKYO FM、一九九五年―
『鈴木敏夫のジブリ汗まみれ』TOKYO FM、二〇〇七年―

●映画

『SPACE BATTLESHIPヤマト』監督：山崎貴、二〇一〇年
『男はつらいよ』監督：山田洋次、一九六九―九五年
『下町の太陽』監督：山田洋次、一九六三年
『シュート！』監督：大森一樹、一九九四年
『武士の一分』監督：山田洋次、二〇〇六年

『無限の住人』監督：三池崇史、二〇一七年
『モダン・タイムス』監督・製作・脚本：チャーリー・チャップリン、一九三六年

●舞台
『盲導犬』脚本：唐十郎、演出：蜷川幸雄、一九八九年

●書籍
『SMAP×SMAP COMPLETE BOOK――月刊スマスマ新聞 VOL.2～RED～』（TOKYO NEWS MOOK）、東京ニュース通信社、二〇一二年
『SMAP×SMAP COMPLETE BOOK――月刊スマスマ新聞VOL.3～BLUE～』（TOKYO NEWS MOOK）、東京ニュース通信社、二〇一二年
『SMAP×SMAP　COMPLETE BOOK――月刊スマスマ新聞VOL.5～GREEN～』（TOKYO NEWS MOOK）、東京ニュース通信社、二〇一二年
『ＳＭＡＰスーパー写真集――THE FIRST』（Gakken mook）、学習研究社、一九九二年
POPEYE／anan 共同編集『THE SMAP MAGAZINE――Superfashion & Music Assemble Photomagazine』（マガジンハウスムック）、マガジンハウス、二〇一〇年
Wink up特別編集『SMAP Year Book 1994-1995 Revival & Evolution』（ワニムックシリーズ）、ワニブックス、一九九五年
飯田譲治・述、西出勇志・聞き手『ＴＶドラマ〝ギフト〟の問題――少年犯罪と作り手のモラル』（岩波ブックレット）、岩波書店、一九九八年
唐十郎『唐十郎全作品集』第三巻、冬樹社、一九七九年

北川悦吏子『NOW and THEN 北川悦吏子――北川悦吏子自身による全作品解説＋54の質問』角川書店、一九九七年
木村拓哉『開放区』集英社、二〇〇三年
木村拓哉『開放区2』集英社、二〇一一年
古池田しちみ『月9ドラマ青春グラフィティ』同文書院、一九九九年

●雑誌
「AERA」二〇一三年五月六・十三日号、朝日新聞出版
「an・an」マガジンハウス
「Bananavi!」vol.001、産経新聞出版、二〇一四年
「POTATO」一九九〇年二月号、学習研究社
「SPA!」二〇一四年七月二十二日・二十九日合併号、扶桑社
「ザテレビジョン」一九九七年八月二十九日号、角川書店

●ウェブサイト
「オリ★スタ」二〇一四年九月四日付
「クランクイン!!」二〇一七年一月二十二日付

※本書の執筆にあたって、いくつかのファンサイトに掲載されている情報を参考にしました。この場を借りて感謝を申し上げます。

# おわりに

ここ三十年近くにわたる、木村拓哉という一人のスターと日本社会に生きる私たちとの旅の歴史をたどってきた。

それは、「冒険」と言ってしまうと少し格好よすぎるだろう。確かにそこには冒険の旅ならではの高揚感や達成感もあるが、もう一方では必死である分、不格好なところもある旅だ。おぼつかない足取りでいつ道端に倒れてしまってもおかしくない『若者のすべて』のラストシーンの武志と哲生のように。

だがそれでも木村拓哉と私たちがとにかく前へと歩を進めてきたのは、「はじめに」でも書いたように、ままならない現実のなかで〝魂の自由〞を得ようという思いが途切れなかったからにちがいない。

二〇一七年、本文中でもふれた『SONGS』でのミュージシャン・MIYAVIとの対談のなかでも、木村拓哉はこんなことを語っていた（二〇一七年四月二十日放送）。

木村拓哉自らがリクエストした「What's My Name?」という曲を

スタジオライブで披露した際、ＭＩＹＡＶＩがオーディエンスに向かって「東京（TOKYO）！」と叫んだ。木村拓哉には、その叫びが「自由！」と言っているのと同じに聞こえた。

「東京」は〝ホーム〟であるはずの場所だ。だが世界で活躍するＭＩＹＡＶＩが発したその叫びからは、東京がテキサス、南米、ヨーロッパなどとつながった一つの街であることがひしひしと伝わってきた。「ノー・ボーダー」、つまり国境にせよなんにせよ、境界などそもそも存在しないのだ。だから、ＭＩＹＡＶＩの「東京！」は、そのまま「自由！」と叫んでいるに等しいと思えた。そう木村拓哉は語った。

そして彼は、その話をこう締めくくった。そう叫ぶＭＩＹＡＶＩが「すごく自分に置き換えられる」と。そこには、舞台『盲導犬』に出演した若き十代の頃から変わることなく〝魂の自由〟を求め、それを私たちと共有したいと願い続ける一人の「演者＝プレーヤー」の姿があった。

本書の企画は、青弓社ウェブサイトでの同名の連載から始まっている。しかし、最初の二回分が掲載されたところでＳＭＡＰをめぐる騒動が起こり、発表の仕方を改めて考えざるをえなくなった。そして編集サイドとも話し合った結果、三回目以降の分については書き下ろしのかたちをとることになった。したがって、第1章と第2章が連載時に書いたものをベースにしている以外は、すべて新しく書き下ろしたものである。

そういった経緯もあり、青弓社の矢野未知生さんには、今回これまで以上にさまざまな面で大変お世話になった。この場を借りてこころから感謝したい。

二〇一七年七月

太田省一

［著者略歴］
太田省一（おおた・しょういち）

1960年生まれ
社会学者・文筆家
東京大学大学院社会学研究科博士課程単位取得満期退学
専攻は社会学、メディア論、テレビ論
著書に『中居正広という生き方』『社会は笑う・増補版』（ともに青弓社）、『SMAPと平成ニッポン』（光文社）、『ジャニーズの正体』（双葉社）、『芸人最強社会ニッポン』（朝日新聞出版）、『紅白歌合戦と日本人』『アイドル進化論』（ともに筑摩書房）など

木《き》村《むら》拓《たく》哉《や》という生《い》き方《かた》

発行 ——— 2017年9月29日　第1刷
定価 ——— 1600円＋税
著者 ——— 太田省一
発行者 —— 矢野恵二
発行所 —— 株式会社青弓社
〒101-0061 東京都千代田区三崎町3-3-4
電話 03-3265-8548（代）
http://www.seikyusha.co.jp
印刷所 —— 三松堂
製本所 —— 三松堂

ISBN978-4-7872-7406-9 C0073

太田省一

## 中居正広という生き方

アイドル・アーティスト・MCなど多面的な表情をもち、「一流の素人でありたい」という中居正広の魅力に、ヤンキー、笑い、野球、エンターテインメントといった視点から迫る。　定価1400円＋税

太田省一

## 社会は笑う・増補版

ボケとツッコミの人間関係

テレビ的笑いの変遷をたどり、条件反射的な笑いと瞬間的で冷静な評価という両面性をもつボケとツッコミの応酬状況を考察し、独特のコミュニケーションが成立する社会性をさぐる。定価1600円＋税

武田砂鉄

## 芸能人寛容論

テレビの中のわだかまり

「cakes」の人気連載、芸能人批評「ワダアキ考」がついに書籍化。回り道を重ねて芸能人の生態を観察、テレビの向こう側に私たちが感じるわだかまりを力の限りで受け止める。　定価1600円＋税

陳怡禎

## 台湾ジャニーズファン研究

女性ファンへのインタビューからジャニファンの活動を詳細に明らかにする。アイドルを介して女性同士の友情や親密圏をどう構築するかをフィールドワークから照らすファン文化論。定価1600円＋税